北斗技术
在能源互联网中的应用

主　编　杨迎春　张　颉
副主编　付　重　黄克林　徐婧劼

中国水利水电出版社
www.waterpub.com.cn
·北京·

内 容 提 要

本书主要介绍了北斗卫星导航系统在电力系统中的应用情况，围绕北斗卫星导航原理、电力北斗精准时空服务网架构体系以及电力北斗典型应用建设实践等方面对北斗卫星导航技术进行多维度阐述，全面反映电力系统在该领域的丰硕成果。全书主要内容包括北斗卫星导航系统的理论知识、电力北斗精准时空服务网应用架构以及电力北斗在短报文、授时及高精准定位的应用实践。

本书适合为电力数字化专业从业人员在电力北斗建设、运维方面的学习和工作提供参考，也可作为高等院校相关专业的学习和参考用书。

图书在版编目（ＣＩＰ）数据

北斗技术在能源互联网中的应用 / 杨迎春，张颉主
编． -- 北京 ： 中国水利水电出版社，2022.10
ISBN 978-7-5226-1008-5

Ⅰ．①北… Ⅱ．①杨… ②张… Ⅲ．①卫星导航－全
球定位系统－应用－能源发展－中国 Ⅳ．①F426.2

中国版本图书馆CIP数据核字(2022)第172219号

书　　名	北斗技术在能源互联网中的应用 BEIDOU JISHU ZAI NENGYUAN HULIANWANG ZHONG DE YINGYONG
作　　者	主 编 杨迎春 张 颉 副主编 付 重 黄克林 徐婧劼
出版发行	中国水利水电出版社 （北京市海淀区玉渊潭南路 1 号 D 座　100038） 网址：www. waterpub. com. cn E - mail：sales@ mwr. gov. cn 电话：（010）68545888（营销中心）
经　　售	北京科水图书销售有限公司 电话：（010）68545874、63202643 全国各地新华书店和相关出版物销售网点
排　　版	中国水利水电出版社微机排版中心
印　　刷	清淞永业（天津）印刷有限公司
规　　格	184mm×260mm　16 开本　9.5 印张　231 千字
版　　次	2022 年 10 月第 1 版　2022 年 10 月第 1 次印刷
定　　价	**87.00 元**

编　委　会

前　言

定位是人类孜孜不倦追求的目标之一，其可以实时掌握我们在世界三维空间的精确位置，结合地图，为人类生产、生活提供便捷的导航服务，无论是在军事国防领域，还是在国民经济发展领域，都发展出一系列的创新应用，如太空探索、导弹精准制导、车辆导航服务、无人驾驶、地质勘探等，这些都深刻影响人类社会发展。

美国从 20 世纪 70 年代开始研制全球卫星定位系统（global positioning system，GPS），历时 20 余年，耗资 200 亿美元，并于 1994 年将其全面建成。GPS 可为全球用户提供海、陆、空全方位三维导航与定位服务。GPS 信号分为民用标准定位服务（standard positioning service，SPS）和军用精确定位服务（precise positioning service，PPS）两类，分别用于民用、军事领域。现在民用 GPS 也可以达到 10m 左右的定位精度。

1991 年的海湾战争是一次对世界产生深刻影响的战争。美国领导的联盟军队，利用 GPS 卫星导航系统，发射导弹精准打击目标。其拥有科技化和信息化带来的巨大军事优势，让联盟军拥有绝对的主导权，海湾战争利用 GPS 系统提供定位的导弹或战斗机可以对地面目标进行精确打击，让美国的 GPS 出尽风头，让全球国家第一次意识到精准定位导航对国防建设的重要性。欧洲国家为了减少对美国 GPS 系统的依赖，同时也为了在未来的卫星导航定位市场上分一杯羹，决定发展自己的全球卫星定位系统。经过长达 3 年的论证，2002 年 3 月，欧盟 15 国交通部长会议一致决定，计划投资 36 亿欧元，启动"伽利略"导航卫星计划。伽利略系统主要针对民用市场，因此在设计之初，设计人员就把为民用领域客户提供高精度的定位放在了首要位置，其定位精度可以达到 1m，可为全球任何地点的用户提供高精确定位服务。

综合看来，建设具有自主、可控的卫星导航系统也是世界主要国家或组织追求的目标。近年来，尤其是中美贸易战以来，国际形势日益严峻，不可控因素日益突出，中美对抗逐步成为常态，再加上我国参与欧洲"伽利略"计划被终止，都促使我国从国家安全出发，独立建设具有自主知识产权的北斗卫星导航系统。我国分别在 1993 年、2004 年和 2009 年分别开展北斗一代、北斗二代和北斗三代卫星导航系统建设，2020 年 6 月 23 日，北斗三代最后一颗卫星升空，标志着北斗三代卫星导航服务正式组网完成，可为全球用户提供导航服务。

随着北斗三号正式开通，北斗系统在全球播发更优的导航信号，整体性能大幅提升。在基本性能方面，北斗在全球范围内与 GPS 相当，而在亚太地区定位精度、授时精度、测速精度分别达到 5m、10ns、0.1m/s，精度较 GPS 提升 50％。在精密单点定位方面，北斗三号定位精度达到 0.67m，远优于 GPS 的 10m 和伽利略计划的 1m。

电网作为关系国计民生的国家关键基础设施，由于电网设备广泛分布在人民生活的各个区域，电网控制要求全网设备必须时间同步，国家电网有限公司（以下简称国家电网）、中国南方电网有限责任公司（以下简称南方电网）以及内蒙古电力（集团）有限责任公司都不约而同地全力推动北斗系统在电网的试点与规模化应用，逐渐完成 GPS 到北斗系统的切换，构建电力北斗精准时空服务网，满足电网规划、建设、运检、营销、调度等业务对定位、授时与短报文方面的需求。

在电网规划领域，北斗导航定位系统可为输电线路勘查提供高精度定位服务，利用无人机激光点云数据，结合北斗高精度位置信息，支撑输变电工程规划的设计选址。

在电网建设领域，基于北斗导航系统提供的定位服务，可实时监测电网建设过程中的关键设备运输、现场作业人员安全管控、北斗应急通信保障等业务需求。

在电网运检领域，基于北斗定位技术，可为 RTK 无人机巡检、机器人巡视、移动作业提供高精度位置服务，结合电网地图服务，构建与物理电网对应的"数字电网"，提高巡检效率。

在电网营销领域，北斗短报文通信技术具有广阔应用空间，可解决偏远地区电力抄表、数据采集及远程控制操作等数据接入难题。

在电网调度领域，基于北斗超高精度授时服务，可确保电网调度机构和变电站各类电力设备的时间同步，满足电网复杂控制需求，支撑电网安全、可靠运行，提升电网运行效率和可靠性。

本书在编写过程中得到了国家电网有限公司、中国南方电网有限责任公司、国网信息通信产业集团、西南交通大学等单位的大力支持，在此一并表示感谢。

本书陈述的观点仅代表编写组的观点，由于认知所限，本书难免存在不足和疏漏，恳请广大读者批评指正。

作　者

目　　录

第1章　北斗卫星建设历程及应用

北斗卫星导航系统（BeiDou navigation satellite system，BDS）简称北斗系统，是我国自主建设、独立运行的全球卫星导航系统，为全球用户提供全天候、全天时、高精度的定位、导航和授时服务，是继美国 GPS、俄罗斯 GLONASS 之后的第三个成熟的全球卫星导航系统。

海湾战争期间，美国动用了 72 颗卫星，在全世界范围内首次、全面使用 GPS 导航系统支援美国海陆空部队作战，为美军提供全天 24h 的经纬度导航定位服务和每天 19h 的三维定位服务，为美军赢得海湾战争发挥了重要作用，导航系统首次作为国家战略资源进入全球主要国家的视线，美国国防部也因此把这场战争称赞为"第一次太空战争"。

1993 年 7 月，美国认为我国从事正常贸易活动的"银河"号货轮向伊朗运输制造化学武器的原材料，在印度洋公海上，直接切断"银河"号货轮所在海域的 GPS 信号，导致"银河"号无法确定其位置及航向，不得不接受美国两艘军舰的强行检查，我们再一次深刻认识到自主可控的导航系统的重要性。

1.1　北斗系统建设历程

1983 年，我国 67 岁高龄的无线电电子专家、中国科学院院士陈芳允提出了双星定位系统的构想，首先在我国上空发射两颗经度相差 $60°$ 的地球静止轨道卫星，在地面上建一个地面控制中心站和若干个用户终端机，其中用户终端机自带了高度仪，可以自行测试自己的高程，并将结果作为第三个坐标来进行定位。1994 年，国家批准陈芳允院士的"双星定位系统"建设方案，正式启动了北斗系统（又称"北斗一号"）的建设。2000 年，我国成功发射两颗地球静止轨道卫星，标志着"北斗一号"正式投入使用，为我国用户提供有源定位、授时、广域差分和短信通信服务。"北斗一号"定位精度为 20m，授时精度为 100ns，短信字数为每次 120 字，每小时能容纳的用户终端机达 54 万个。2003 年 5 月，我国成功将第三颗"北斗一号"导航定位卫星发射到指定位置作为备用，进一步增强了"北斗一号"系统的稳定性。

因为双星有源定位的"用户终端机隐蔽性不强和容量有限"天生缺陷，国家在"北斗一号"经验基础上，于 2004 年正式启动"北斗二号"系统的建设。2012 年年底，我国完成 14 颗卫星（5 颗地球同步轨道卫星、5 颗倾斜地球同步轨道卫星和 4 颗中远地球轨道卫星）发射组网。"北斗二号"系统在兼容"北斗一号"系统技术体制基础上，增加无源定位体制，为亚太地区用户提供定位、测速、授时和短信通信服务。

2009 年，国家启动"北斗三号"系统建设。2018 年年底，完成 19 颗卫星发射组网，完成基本系统建设，向全球提供导航、授时服务；2019 年，北斗系统的在轨卫星已达到 39 颗。2020 年 6 月 23 日，第 55 颗卫星发射组网，2020 年 7 月 31 日，"北斗三号"全球卫星导航系统正式开通。"北斗三号"系统继承北斗有源定位服务和无源定位服务两种技术体制，能够为全球用户提供基本导航（定位、测速、授时）、国际搜救服务，我国及周边地区用户还可享有区域短信通信、星基增强、精密单点定位等增值服务。目前，北斗系统全球定位精度为 10m，测速精度 0.2m/s，授时精度 20ns。其中，在亚太地区定位精度为 5m，测速精度为 0.1m/s。

1.2　北斗系统在电网的应用情况

北斗系统作为国家重要空间基础设施，已广泛应用于交通运输、海洋渔业、水文监测、气象预报、测绘地理信息、森林防火、通信时统、电力调度、救灾减灾、应急搜救等领域。

电网作为关系国计民生的国家关键基础设施，迫切需要采用自主可控辅助电网进行安全生产，北斗系统与能源互联网建设的应用需求十分契合，是能源互联网的重要组成部分。首先，北斗系统为电网企业数量庞大的电力终端设施提供精准的时间和空间属性，建立统一的时空基准；其次，北斗系统的短报文通信服务能够为偏远地区的数据采集提供可靠的数据通信服务；最后，北斗系统能够让电力业务打破地域限制，构建基于任意空间位置信息的业务形态，推动了电力业务创新发展。国家电网有限公司（简称"国家电网"）和南方电网有限公司（简称"南方电网"）都不约而同地全力推动北斗在电网的试点验证与规模化应用，围绕规划、基建、运检、营销、调度等电力业务需求，提供时空智能服务。

在电网规划业务领域，北斗高精度导航定位技术能够为激光点云数据、原始影像数据赋予更精确的时空位置信息，支撑输变电工程规划设计选址、选线。

在电网基建业务领域，基于北斗的基建安全管理，能够实时获取电网基建过程的物资运输、现场车辆、人员安全、地质灾害、应急通信保障等现场关键要素的时空信息。

在电网运检业务领域，北斗技术能够为无人机、机器人、移动作业设备和电网自动化设备提供高精度位置服务，实时监测电网输电、变电和配电设备时空位置信息，提高电网运检作业效率。

在电网营销业务领域，北斗短报文通信技术具有广阔的应用空间，能够解决偏远地区电力抄表、数据采集及远程控制操作等数据交互难的问题。

在电网调度业务领域，基于电力北斗统一时频网的高精度授时服务，能够实现电网调度中心和变电站的时间精准同步，满足各种系统和设备的时间同步要求，提高电网事故分析和稳定控制水平，提升电网运行效率和可靠性。

第2章　北斗卫星导航系统及其工作原理

2.1　北斗卫星导航系统概述

2.1.1　北斗卫星导航系统的发展过程

北斗卫星导航系统（以下简称北斗系统）是我国着眼于国家安全及经济社会发展需要，继美国全球卫星导航系统（global positioning system，GPS）和俄罗斯全球卫星导航系统（global navigation satellite system，GLONASS）后自主建设的全球卫星导航系统，能够为全球用户提供全天时、高精度的定位导航和授时服务。北斗系统自建设以来一直秉承"中国的北斗、世界的北斗、一流的北斗"的发展理念，始终践行"自主创新、团结协作、攻坚克难、追求卓越"的北斗精神。北斗系统作为自新中国成立以来取得的重大科技成就之一，为全球公共卫星服务做出了重大贡献。

北斗系统的建设与发展始终立足于我国国情国力，坚持"自主、开放、兼容、渐进"的原则，自 20 世纪 80 年代开始探索北斗系统发展道路以来，逐步形成了"三步走"发展战略：2003 年，建成了"北斗一号"系统，向中国提供服务，打破了我国无自主卫星导航系统的历史；2012 年，建成"北斗二号"系统，向亚太地区提供服务，解决了亚太地区定位、导航、授时的应用问题；2020 年，建成"北斗三号"系统，向全球提供高精度、高可靠的定位、导航、授时服务。

2.1.1.1　"北斗一号"系统

"北斗一号"卫星导航试验系统建设方案于 1983 年提出。20 世纪 90 年代中期，我国正式启动北斗一号系统工程建设，于 2000 年，成功发射 2 颗地球静止轨道卫星（geostationary earth orbit，GEO），2003 年又发射第 3 颗地球静止轨道卫星。"北斗一号"系统采用有源定位体制，利用地球同步卫星为我国用户提供定位、授时、短报文通信等服务。"北斗一号"的成功建设标志着我国成为世界上第三个拥有自主建设卫星导航系统的国家，积极推进了我国国防和经济社会建设。"北斗一号"系统卫星数量少、投资小，为我国后续建设北斗系统奠定了坚实的基础，且能实现我国境内区域的导航定位、通信功能，可满足当时我国陆、海、空运输的导航定位需求。具体来说，"北斗一号"系统具有如下功能及特点：

（1）服务区域：中国境内。

（2）短报文通信功能：用户终端能够实现每次传送 40～60 个汉字短报文信息，特别授权用户可以传送 120 个汉字。

（3）精密授时功能：20～100ns 时间同步精度。

（4）定位功能：可达到水平精度 100m，设立标校站后定位精度可达 20m。

（5）系统容纳的最大用户数为 540000 户/h。

由于"北斗一号"系统覆盖范围较小，并且采用主动式定位方法，系统用户不能保持无线电静默，难以应用于军事领域。此外，尽管"北斗一号"同时具备定位和通信两种功能，然而其定位精度小于 GPS（GPS 定位精度约为 10m），通信能力也弱于国际海事卫星。但是"北斗一号"系统作为我国完全独立自主研制的卫星导航系统，打破了美俄两国在卫星导航领域的垄断，为我国后续建设北斗全球卫星导航系统奠定了坚实基础。

2.1.1.2 "北斗二号"系统

由于"北斗一号"的用户需通过卫星向地面中心站提出相关申请，才能应用相关服务，且定位精度偏低，当用户在高速移动时，定位精度将进一步下降。因此，基于我国军民用户对高精度导航定位需求，我国于 2004 年启动了"北斗二号"系统建设，并于 2012年完成了 5 颗地球同步轨道（Geostationary Earth Orbit，GEO）卫星、5 颗倾斜地球同步轨道（inclined geosynchronous orbit，IGSO）卫星和 4 颗中远地球轨道（medium earth orbit，MEO）卫星发射组网。

"北斗二号"系统不仅兼容"北斗一号"系统技术体制，还增加了无源定位体制，提供无线电卫星导航服务（radio navigation satellite service，RNSS）和无线电卫星测定服务（radio determination satellite service，RDSS），能够为亚太地区用户提供可靠的定位、授时和短报文通信服务。"北斗二号"系统在 RNSS 工作体制时，用户接收机能接收至少 4颗北斗卫星信号，采用单向测距法，解算得到用户的位置和时间，完成基本的定位与授时功能；在 RDSS 工作体制时，采用双向测距法，地面中心通过 2 颗 GEO 卫星广播询问信号，并根据用户的应答信号测量用户到 2 颗 GEO 卫星的距离，进一步结合用户的高程信息来确定用户位置，最终将定位结果发送给用户，定位的同时可以同步实现授时及短报文传输。具体来说，"北斗二号"系统具有如下功能及特点：

（1）服务区域：东经 75°～135°，北纬 10°～55°（亚太地区）。

（2）高精度定位功能：RNSS 体制下能够实现水平 10m，高程 10.00m 精准定位；RDSS 体制下能够实现水平 20m（无标校站地区 100m），高程 10.00m 定位。

（3）高精度测速功能：0.2m/s。

（4）高精度授时功能：单向授时精度 50ns，双向授时精度 10ns。

（5）短报文通信功能：能够实现每次 120 个汉字短报文信息传输。

（6）军码战区功率增强功能：优于 8dB。

2.1.1.3 "北斗三号"系统

"北斗二号"系统主要覆盖范围是亚太地区，解决了亚太地区的无源定位、导航与授时应用问题。随着经济社会的发展需要，为了使北斗系统能更好地服务于全球人民，持续扩展"北斗二号"系统，最终建成与 GPS 和 GLONASS 等卫星导航系统兼容共用的"北斗三号"系统是"三步走"战略的关键一步。2009 年，我国正式启动"北斗三号"系统建设，目前已经完成了 3 颗 GEO 卫星、24 颗 MEO 卫星、3 颗 IGSO 卫星的发射组网。

"北斗三号"系统继承了有源服务和无源服务两种技术体制，即使用无源时间测距技术为全球用户提供无线电卫星导航服务，同时也保留了试验系统中的有源时间测距技术，但仅在亚太地区实现。"北斗三号"系统同时使用了静止轨道与非静止轨道卫星，主要通过 MEO 卫星为全球用户提供 RNSS 服务、全球短报文通信服务（global short message communication，GSMC）和国际搜救服务（search and rescue，SAR），利用 GEO 卫星和 IGSO 卫星为亚太地区用户提供星基增强服务（satellite based augmentation system，SBAS）、地基增强服务（ground augmentation system，GAS）、精密单点定位服务（precise point positioning，PPP）和区域短报文通信服务（regional short message communication，RSMC）等。此外，当 IGSO 卫星发生故障时，MEO 卫星能够调整轨道来接替 IGSO 卫星工作，极大地提高了服务的可靠性。具体来说，"北斗三号"系统具有如下功能及特点：

（1）服务区域：全球。

（2）高精度定位功能：水平 10m、高程 10.00m；其中，在亚太地区可实现定位精度水平 5m、高程 5.00m。

（3）高精度测速功能：0.2m/s；其中亚太地区可实现测速精度 0.1m/s。

（4）授时精度：20ns；其中，在亚太地区可实现授时精度 10ns。

（5）短报文通信功能：区域短报文单次通信能力 1000 个汉字（14000bit）；全球短报文单次通信能力 40 汉字（560bit）。

实测结果表明，北斗系统服务能力已经全面达到并优于上述设计指标。

基于北斗"三步走"建设发展战略，我国实现了卫星导航系统的从无到有、从区域服务到全球服务的重大突破。目前北斗系统已经具备全球服务能力，促进了世界卫星事业的发展。此外，北斗系统所具备的短报文通信功能，实现了定位导航与通信的结合，这是其他卫星导航系统所不具备的能力，即使在没有移动通信网络覆盖的地域，北斗系统也能实现短信息的可靠传输，将使得北斗系统的应用范围更加广泛，同时空间段采用三种轨道卫星组成的混合星座，具有更好的抗遮挡能力，服务质量更高。不同建设阶段北斗系统基本服务性能指标见表 2-1。

表 2-1　　　　　　　　　不同建设阶段北斗系统基本服务性能指标

名　　称	"北斗一号"	"北斗二号"	"北斗三号"
服务区域	中国境内	亚太地区	全球范围
定位精度	20m	RNSS：10m RDSS：20m	全球范围：10m 亚太地区：5m
授时精度	20～100ns	单向：50ns 双向：10ns	全球范围：20ns 亚太地区：10ns
短报文通信能力	普通用户：40～60 个汉字 特别授权用户：120 个汉字	120 个汉字	全球范围：40 汉字 亚太地区：1000 汉字

自北斗系统为用户提供服务以来，已经受到了各领域的广泛关注，应用前景巨大。调查数据表明，自 2010 年以来，我国卫星导航与位置服务产业总体产值年均增长 20%以上，2019 年已经达到 3450 亿元，与卫星导航领域相关企业单位超过 1 万家，与卫星导航相关

的服务产值大约占全国总产值的 10%。在我国，北斗系统已经在电力、交通、农林渔牧业、防灾减灾、金融、大众应用等领域得到了应用实践，目前与北斗系统相关的产品累计超过 8000 万套，与北斗系统兼容的芯片产品高达 7 亿多套。截至 2020 年 10 月底，约 96% 的道路营运车辆和约 88% 的邮政快递车辆已经安装使用北斗系统，通用飞行器也已经逐步开始使用北斗系统，占比约为 11%；在 2020 年上半年申请入网的智能手机中支持北斗定位的达到了 80%，包括华为、小米等国内主流品牌。此外，北斗系统已经走出国门，并与多国开展了多项北斗合作内容，例如与美国在北斗 B2a 和 GPS 的 L5 信号互操作方面达成了共识，与俄罗斯在北斗和 GLONASS 系统时间互操作方面进一步深化，启动了《2021 至 2025 年中俄卫星导航合作路线图》的联合拟制，以及中阿合作论坛（中国—阿拉伯国家合作论坛）框架下持续开展中阿卫星导航合作，多项北斗合作内容进入《中阿合作论坛 2020 年至 2022 年行动执行计划》。随着北斗系统不断走进人们的生活，未来的北斗系统将会更加智能化、规模化、标准化。

2.1.2　北斗系统业务规划与模块组成

2.1.2.1　北斗系统业务规划

目前，北斗系统已经基本建设完成，其空间段采用混合星座，高轨卫星多，抗遮挡能力强，能够同时提供多个频点的导航信号，进一步提高了服务质量，比 GPS 和 GLONASS 具备更多的优势。北斗系统已经全面具备导航定位和通信数传功能，能够提供七种关键服务，具体包括：面向全球范围提供 RNSS、GSMC、SAR 三种服务；向亚太地区提供 SBAS、GAS、PPP 和 RSMC 四种服务。北斗系统各业务的频点和无线电播发手段规划见表 2-2。

表 2-2　　　　　　　　　　　　　北 斗 系 统 业 务 规 划

服务类型		信号/频段	播发手段
全球范围	RNSS	B1I、B3I	3GEO+3IGSO+24MEO
		B1C、B2a、B2b	3IGSO+24MEO
	GSMC	上行：L 下行：GSMC-B2b	上行：14MEO 下行：3IGSO+24MEO
	SAR	上行：UHF 下行：SAR-B2b	上行：6MEO 下行：3IGSO+24MEO
亚太地区	SBAS	BDSBAS-B1C BDSBAS-B2a	3GEO
	GAS	2G、3G、4G、5G	移动通信网络 互联网络
	PPP	PPP-B2b	3GEO
	RSMC	上行：L 下行：S	3GEO

RNSS 业务由"北斗二号"和"北斗三号"星座联合提供，通过下行 RNSS 信号为用户提供定位导航与授时服务，它是北斗系统的主要服务模式，工作在 B1C、B2a、B2b 和 B1I、B3I 信号频点，可提供精密测距码（P 码）和普通测距码（C 码）以服务于不同授权级别用户，普通测距码用于普通用户以实现快速定位，精密测距码用于授权用户，具有更高的精度和保密性。当 RNSS 信号从北斗卫星发出后，用户接收机利用测距码测量信号从北斗卫星到接收机之间的传播时间，进一步得到两者之间的距离，该参数是整个 RNSS 服务的基础，是后续定位、授时解算的重要依据。北斗系统 RNSS 业务性能指标见表 2-3。

表 2-3 北斗系统 RNSS 业务性能指标

性 能 特 征		性 能 指 标
服务精度（95%）	定位精度	水平≤10m，高程≤10.00m
	授时精度	≤20ns
	测速精度	≤0.2m/s
服务可用性		≥99%

GSMC 业务利用北斗系统 MEO 卫星，向位于地表及以上 1000km 空间的特许用户提供全球短报文通信服务。该业务利用星间链路和星地链路实现用户终端与用户终端、用户终端与地面中心站之间的双向数字通信。基于北斗星座中 MEO 卫星配置的报文通信接收机及注入天线，发信用户首先向其可见的 MEO 卫星发送报文信号，经过上行链路进入报文通信接收机，接着通过 Ka 星间链路将报文信号传输至地面站可见 MEO 卫星，然后将其传输至境内地面站。地面站接收到报文信息后进行处理，将需要出站的报文发送至可见的境内 MEO 卫星，再通过星间链路发送给目标卫星，最后通过 B2b 频点播发给收信用户。北斗系统 GSMC 业务性能指标见表 2-4。

表 2-4 北斗系统 GSMC 业务性能指标

性 能 特 征		性 能 指 标
服务成功率		≥95%
响应时延		≤1min
终端发射功率		≤10W
服务容量	上行	30 万次/h
	下行	20 万次/h
单次报文最大长度		560bit（约相当于 40 个汉字）
使用约束及说明		用户需进行自适应多普勒补偿，且补偿后上行信号到达卫星频偏需小于 1000Hz

SAR 业务基于符合全球卫星搜救系统标准的 406MHz 信号和北斗系统的 B2b 信号实现，具备返向链路功能，服务范围包括地球表面及其上空 50km 高度的区域。其中，上行 406MHz 报警信号可分为两种：采用二进制相移键控（binary phase shift keying，BPSK）调制方式的第一代信标和采用直接序列扩频-偏移正交相移键控调制方式的第二

代信标。北斗系统与其他中轨卫星搜救系统共同组成了全球中轨卫星搜救系统，为全球用户提供遇险报警服务，并通过反向链路提供遇险报警确认服务。北斗系统 SAR 业务性能指标见表 2-5。

表 2-5　　　　　　　　　　北斗系统 SAR 业务性能指标

性能特征	性能指标
检测概率	≥99%
独立定位概率	≥98%
独立定位精度（95%）	≤5km
地面接收误码率	≤5×10⁻⁵
可用性	≥99.5%

SBAS 业务利用 GEO 卫星配置的卫星导航增强信号转发器，能够向用户播发卫星星历、电离层延迟改正、卫星时钟钟差等信息，从而提升服务质量。其基本原理是根据地面参考站对卫星信号进行监测，然后将监测数据送至主控站，经过处理后可以得到定位校正信息，并将该信息注入 GEO 卫星并通过 GEO 卫星播发，用户则可以利用该信息对定位结果进行校正。

GAS 业务主要通过移动通信方式来实现，能够达到实时米级、分米级、厘米级和事后毫米级的高精度定位，其中实时厘米级与事后毫米级服务需要注册。北斗地基增强系统由北斗增强站、通信网络系统、数据处理系统及播发系统等组成，基准站接收卫星导航信号后，对接收数据进行处理，得到校正信息，该信息经由移动通信等方式实时播发给用户终端，从而提高定位精度。北斗系统 GAS 业务性能指标见表 2-6。

表 2-6　　　　　　　　　　北斗系统 GAS 业务性能指标

项　目	性　能　指　标				
	单频伪距增强服务	单频载波相位增强服务	双频载波相位增强服务	双频载波相位增强服务（网络 RTK）	后处理毫米级相对基线测量
定位精度	水平≤1.2m 高程≤2.50m （95%）	水平≤0.8m 高程≤1.60m （95%）	水平≤0.30m 高程≤0.60m （95%）	水平≤4cm 高程≤8.00cm （RMS）	水平≤4mm 高程≤8.00mm
初始化时间	秒级	≤20min	≤30min	≤45s	—

PPP 业务采用 PPP-B2b 信号制式，包括 I 支路和 Q 支路分量，"北斗三号"前三颗 GEO 卫星仅播发 I 支路分量，载波频率 1207.14MHz，带宽为 20.46MHz。该业务可以通过 GEO 卫星播发精密轨道参数和钟差等改正参数，采用伪距和载波相位观测法进行单点定位就能实现高精度导航定位，主要为亚太地区用户提供服务。北斗系统 PPP 业务服务性能指标见表 2-7。

表 2-7   北斗系统 PPP 业务性能指标

性　能　特　征	性　能　指　标
播发速率	500bit/s
定位精度（95%）	水平≤0.3m，高程≤0.60m
收敛时间	≤30min

RSMC 业务基于 GEO 卫星向我国及周边地区用户提供区域短报文通信服务。与 GSMC 类似，发信用户首先将报文信息通过 GEO 卫星传输至地面中心站，经过地面中心站脱密和再加密后转入出站电文中，在经由卫星发送给对应的收信用户，收信用户接收到卫星信号后，解调解密电文信息，完成通信过程。北斗系统 RSMC 业务性能指标见表 2-8。

表 2-8   北斗系统 RSMC 业务性能指标

性　能　特　征		性　能　指　标
服务成功率		≥95%
服务频度		一般 1 次/30s，最高 1 次/s
响应时延		≤1s
终端发射功率		≤3W
服务容量	上行	1200 万次/h
	下行	600 万次/h
单次报文最大长度		14000bit（约相当于 1000 个汉字）
定位精度（95%）	RDSS	水平 20m，高程 20.00m
	广义 RDSS	水平 10m，高程 10.00m
双向授时精度（95%）		10ns
使用约束及说明		若用户相对卫星径向速度大于 1000km/h 时，需进行自适应多普勒补偿

2.1.2.2　北斗系统的模块组成

北斗系统主要由空间段、地面段和用户段三部分组成。

1. 空间段

北斗系统空间段由若干颗 GEO 卫星、ISGO 卫星和 MEO 卫星组成。以"北斗三号"系统为例，其标称空间星座由 3 颗 GEO 卫星、3 颗 ISGO 卫星和 24 颗 MEO 卫星组成，其中 GEO 卫星轨道高度 35786km，分别定点于东经 80°、110.5°和 140°；IGSO 卫星轨道高度 35786km，轨道倾角 55°；MEO 卫星轨道高度 21528km，轨道倾角 55°，分布于 Walker24/3/1 星座。

空间段的主要功能是接收地面控制中心注入的导航电文参数，经过处理后生成导航信号，并向地面广播信号；接收并执行地面遥控指令，回传卫星工作状态信息；为对应的双向授时和短报文通信业务提供数据转发通道等。

2. 地面段

地面段包括主控站、注入站和监测站等如图 2-1 所示。为了保证服务质量，地面运控中心需要实时监测北斗卫星运行状态，对相关注入参数进行更新，保障北斗系统正常运行服务。具体来说，地面控制段的主要功能是：建立并维持北斗系统时间基准；精密轨道测定，进行卫星广播星历预报；监测并计算电离层延迟改正，提供相关改正模型参数；进行导航电文参数和广播信息的注入；对双向授时申请和报文信息进行处理等。

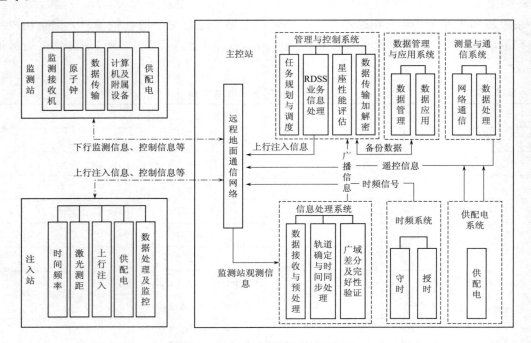

图 2-1　地面段组成结构示意图

主控站是地面运控系统的核心，通常包括测量与通信系统、管理与控制系统、信息处理系统、时频系统、数据管理与应用系统和供配电系统。测量与通信系统实现卫星下行信息接收测量、上行信息注入及各地面站之间的数据通信等功能。管理与控制系统实现对各卫星和地面站的管控，保障整个系统的星地协作运行。信息处理系统实现数据接收与预处理、轨道确定与时间同步处理、广域差分及完好性验证等功能。时频系统建立统一的时间和频率基准。数据管理与应用系统实现运控系统数据的管理与应用。供配电系统保障整个系统电力稳定。总体来说，主控站的主要任务包括：

（1）收集各时间同步/注入站、监测站的导航信号监测数据，进行数据处理，生成并注入导航电文等。

（2）负责任务规划与调度和系统运行管理与控制。

（3）负责星地时间观测比对。

（4）卫星有效载荷监测和异常情况分析等。

注入站作为连接北斗卫星和地面运控中心的桥梁，主要实现卫星电文参数和控制指令注入功能。由于随着时间的推移，卫星上注入的卫星星历和钟差等参数存在一定预报误差，因此需要定期进行参数更新与校正，当主控站完成相关信息编制后，注入站随后将该信息注入到对应卫星，同时监测注入信息的正确性。

监测站主要实现北斗卫星数据采集与监测，并将数据实时回传到主控站。监测数据主要用于卫星位置和钟差测定、电离层模型参数处理、广域差分与完好性信息处理。通常监测站分为一类监测站和二类监测站，一类监测站用于卫星轨道测量和电离层延迟校正，二类监测站用于广域差分改正和完好性监测。

3. 用户段

用户段主要指各类北斗应用终端，是系统功能实现的必要载体。用户段主要包括有关硬件基础设备、应用系统与应用服务等。其中，北斗接收机是实现北斗卫星导航定位的关键设备，其主要功能是接收北斗卫星发射的信号并进行处理，获取导航电文和伪码等相关信息，经过信息处理和定位解算后得到用户位置等信息。北斗接收机基本功能结构如图 2-2 所示。

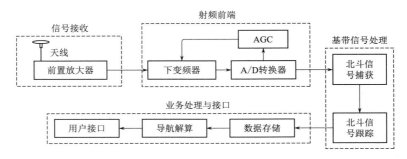

图 2-2　北斗接收机基本功能结构图

2.1.3　北斗卫星导航系统的典型应用

北斗卫星导航系统创造性地采用了两种服务体制和混合星座设计，能够为全球用户提供高精度、全天候的实时卫星服务，彰显了中国智慧，为世界卫星导航事业发展做出了突出的贡献。北斗系统提供服务以来，我国持续推进和创新体系建设，不断改善产业应用环境与规模，不断提升北斗卫星导航产业的综合效益。目前，北斗系统已在交通运输、农林牧渔、环境监测、防灾减灾、电力金融、智慧城市等领域得到广泛应用，产生了显著的经济效益与社会效益。

在交通运输方面，北斗系统已经广泛应用于重点运输过程监控、公路基础设施安全监控等，提升了我国综合交通管理效率和运输安全水平。全国道路货运车辆公共监管与服务平台极大改善了主管部门对道路货运车辆的监管能力，不仅提高了作业效率，同时进一步保证了作业安全，据统计，近年来我国道路运输重特大事故发生起数和死亡失踪人数均下降 50%。此外，北斗系统在公务车监管、校车安全监管、长途客车安全监管、出租车安全监管、危险品车辆运输监管、无人驾驶车辆、江河船舶运输监管等方面也已经发挥了突出作用。以无人驾驶车辆为例，精确定位和导航是无人驾驶车辆实现精确控制的重要保障，目前无人驾驶车辆研究领域主要应用北斗差分系统，以此获取厘米级的定位精度，从而实现无人驾驶车辆的规范行驶。基于北斗系统的无人驾驶系统解决方案如图 2-3 所示，北斗系统能向无人驾驶车辆提供高频位置、速度、姿态及时间信息，即使当北斗信号遭受遮挡时也能实现高精度定位。

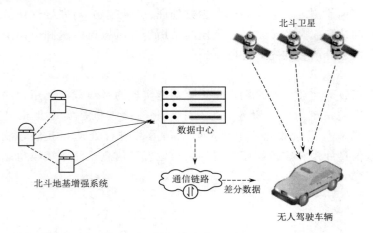

图 2-3　基于北斗系统的无人驾驶系统解决方案

农林牧渔方面，基于北斗系统的农机自动驾驶系统应用，利用北斗系统提供的高精度定位导航信息，实现了自动控制农机按照预设路线运行，不仅节约了用工成本，降低了劳动强度，而且极大地提高了作业效率，图 2-4 展示了基于北斗系统的自动驾驶农机，该系统主要由行车控制器、高精度卫星导航终端、卫星接收天线、角度传感器和液压阀等部

图 2-4　基于北斗系统的自动驾驶农机

分组成。此外，在森林防火、病虫害防治及林产品采集加工方面应用北斗系统极大地促进了林业生产的现代化。渔业管理部门基于北斗系统建设了渔业安全生产监管指挥系统，保障了国家海洋渔业安全，促进了渔业现代化生产。基于北斗系统的定位和通信功能，畜牧业管理部门建立了畜牧应急指挥专家系统，为牧民提供放牧引导，提升了牧业的科学生产与管理水平。

在环境监测方面，基于北斗系统建立了一系列环境监测系统，如"北斗环境监测信息系统"，能及时有效对大气进行监测，为大气环境的监测管理与指挥决策提供强力支持。利用北斗系统定位功能能够实时获取移动监测车的位置，并通过短报文服务将监测的环境信息数据发送至监控中心和指挥车，从而实现对大气环境的实时监测，如图 2-5 所示。

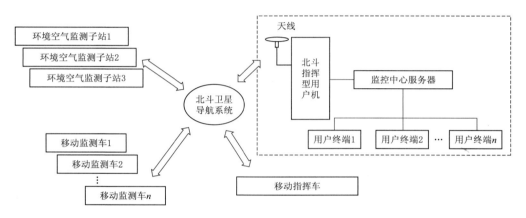

图 2-5　北斗环境监测信息系统

防灾减灾方面，根据北斗系统地面监测站的地表坐标变化规律，能够为地震、泥石流灾害、山体滑坡等预测提供科学依据；同时，在救灾抢险过程中，基于北斗导航定位和短报文通信功能，可以及时传递受灾情况和灾情位置，为指挥部决策和调度指挥提供了重要的信息支援。基于北斗系统的山体滑坡监测应用如图 2-6 所示，通过在山体关键位置设置滑坡监测站，监控边坡的形变累积量，从而评估其安全状况，实现提前预警，将灾害损失降到最低。

在电力金融方面，基于北斗系统提供的高精度时频基准，建立金融领域的时间基准，能够规范金融交易行为，促进金融行业的健康发展。在电力领域，基于北斗系统的精准授时功能，能够实时保证对电力系统各时钟设备的准确授时，能够进行高效的全局时间管理，极大地减轻了维护工作量。目前，北斗授时已经广泛应用于国家电网系统中，图 2-7 展示了北斗授时技术在电力系统中的应用，通过北斗系统将各设备时钟运行状态数据传输至控制中心，同时利用远程监控手段，实时监测以保证授时准确性，如果误差超过阈值，可以及时采取措施进行校正，该系统不需要架设地面链路就能实现对整个网络智能高效的管理，从而保证电力时间同步系统的可靠性。

智慧城市方面，随着北斗系统的不断完善，将北斗应用到智慧城市建设是实现城市高效管理的迫切需求，这也能够为智慧城市提供高精度的位置信息及通信服务。在未来，北

北斗卫星

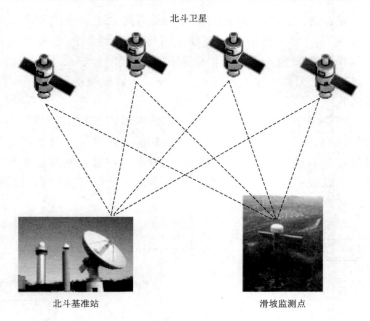

图 2-6 基于北斗系统的山体滑坡监测应用

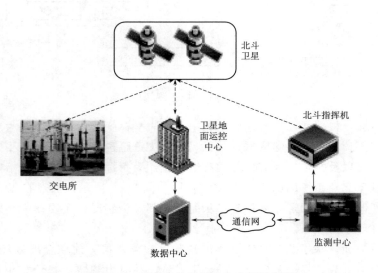

图 2-7 基于北斗系统的电力授时应用

斗系统将为智慧交通、智慧出行、智慧医疗、智慧社区等方面提供坚实的保障。

2.2 北斗导航卫星信号

北斗卫星信号由载波信号、导航电文和测距码三部分组成。载波信号是未经调制的周期性震荡信号，如正弦波、周期性脉冲信号。将导航电文和测距码调制到载波上得到已调信号。导航电文包含卫星运行状态的具体参数，用户接收到导航电文后，可根据对应字段计算卫星的位置、钟差、时延等实时信息。测距码是一种伪随机噪声序列，在导航电文的调制、区分卫星信号来源等方面起到重要作用。由于"北斗二号"、"北斗三号"卫星中均使用 B1I、B3I 信号，本节将针对上述信号进行重点介绍。

2.2.1 北斗信号结构与特性

B1I、B3I 信号由"测距码＋导航电文"调制在载波上构成，两种信号表达式结构相同，以 B1I 信号为例，表达式为

$$S_{B1I}^{j} - A_{B1I} C_{B1I}^{j}(t) D_{B1I}^{j}(t) \cos(2\pi f_1 t + \varphi_{B1I}^{j}) \tag{2-1}$$

式中　j——卫星编号；

A_{B1I}——B1I 信号振幅；

C_{B1I}——B1I 信号测距码；

D_{B1I}——B1I 信号测距码的数据码；

f_1——B1I 信号载波频率；

φ_{B1I}——B1I 信号载波初始相位。

B1I 信号的标称载波频率为 1561.098MHz，B3I 信号的标称载波频率为 1268.520MHz，两种信号均采用二进制相移键控（binary phase shift keying，BPSK）调制。

2.2.2 导航电文

根据播发速率、帧结构、播发卫星等，可将导航电文分为 D1 导航电文和 D2 导航电文。其中 MEO、IGSO 卫星播发的 B1I、B3I 信号采用 D1 导航电文，GEO 卫星播发的 B1I、B3I 信号采用 D2 导航电文。

D1 导航电文速率为 50bit/s，并调制有速率为 1kbit/s 的二次编码。D1 导航电文内容包含基本导航信息（本卫星基本导航信息、全部卫星历书信息、与其他系统的时间同步信息）；D2 导航电文速率为 500bit/s，内容包含基本导航信息和广域差分信息（北斗系统的差分及完好性信息和格网点电离层信息）。

2.2.2.1 D1 导航电文

北斗系统 D1 导航电文的二次编码采用速率为 1kbit/s 的 Neumann - Hoffman 码。该 NH 码是一段长度为 20bit 的固定序列（0，0，0，0，0，1，0，0，1，1，0，1，0，1，0，0，1，1，1，0），序列周期与导航电文中 1bit 的宽度相同。NH 码每比特宽度为 1ms，与扩频码周期相同，以模二加的形式与扩频码和导航信息码同步调制。二维编码示意图如图 2 - 8 所示。

美国 GPS 信号也增加了二次编码，其作用不仅仅局限于改善相关性，还可以提高抗干扰能力和实现快速的位同步。

D1 导航电文由超帧、主帧和子帧组成。电文发送速率为 50bit/s，每个超帧共36000bit，发送时长为 12min。每个超帧由 24 个主帧组成（24 个页面），每个主帧为1500bit，发送时长为 30s。每个主帧由 5 个子帧组成，每个子帧为 300bit，发送时长为 6s。每个子帧由 10 个字组成，每个字为 30bit，发送时长为 0.6s。每个字由导航电文数据及校验码两部分组成。每个子帧第 1 个字的前 26bit 为导航电文信息，其中前 15bit 不进行纠错

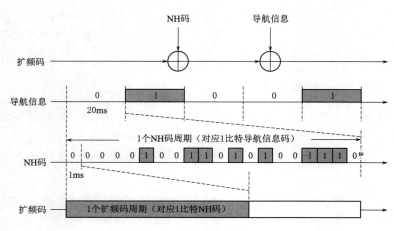

图 2-8　二次编码示意图

编码，后 11bit 采用 BCH（15，11，1）方式进行纠错编码；其他 9 个字均采用 BCH（15，11，1）加交织方式进行纠错编码，前 22bit 为信息位，后 8bit 为校验比特。D1 导航电文帧结构如图 2-9 所示。

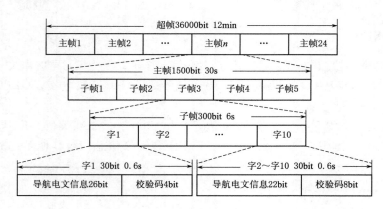

图 2-9　D1 导航电文帧结构

D1 导航电文包含有基本导航信息，包括本卫星基本导航信息（包括周内秒计数、整周计数、用户距离精度指数、卫星自主健康标识、电离层延迟模型改正参数、卫星星历参数及数据龄期、卫星钟差参数及数据龄期、星上设备时延差）、全部卫星历书信息及与其他系统的时间同步信息（UTC、其他卫星导航系统）。

D1 导航电文主帧结构与内容信息如图 2-10 所示。其中子帧 1～子帧 3 播发本卫星基本导航信息；子帧 4 和子帧 5 共分为 24 个页面，播发全部卫星历书信息与其他系统时间同步信息。

2.2.2.2　D2 导航电文

D2 导航电文由超帧、主帧和子帧组成。电文发送速率为 500bit/s，每个超帧共180000bit，发送时长 6min。每个超帧由 120 个主帧组成，每个主帧为 1500bit，发送时长3s，每个主帧由 5 个子帧组成，每个子帧为 300bit，发送时长 0.6s，每个子帧由 10 个字

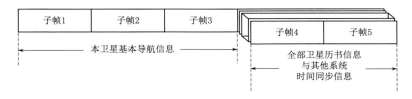

图 2-10 D1 导航电文主帧结构与内容信息

组成,每个字为 30bit,发送时长 0.06s。每个字由导航电文数据及校验码两部分组成。每个子帧第 1 个字的前 26bit 为导航电文信息,其中前 15bit 不进行纠错编码,后 11bit 采用 BCH（15,11,1）方式进行纠错;其他 9 个字均采用 BCH（15,11,1）加交织方式进行纠错编码,前 22bit 为信息位,后 8bit 为校验比特。D2 导航电文帧结构如图 2-11 所示。

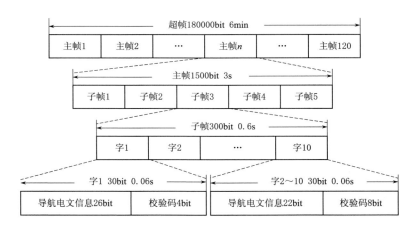

图 2-11 D2 导航电文帧结构

D2 导航电文包括:本卫星基本导航信息、全部卫星历书信息、与其他系统的时间同步信息、北斗系统完好性及差分信息、格网点电离层信息。D2 导航电文信息内容如图 2-12 所示。子帧 1 播发卫星基本导航信息,由 10 个页面分时发送。子帧 2~子帧 4 播发北斗系统完好性及差分信息,由 6 个页面分时发送。子帧 5 播发全部卫星历书信息、格网点电离层信息、与其他系统时间同步信息,由 120 个页面分时发送。

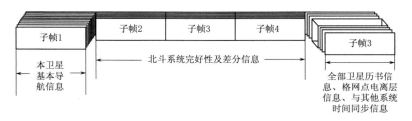

图 2-12 D2 导航电文信息内容

17

2.2.2.3　导航电文纠错编码

在卫星导航系统中，正确的导航电文是实现定位解算的基础，因此需要使用检错编码和纠错编码对电文进行校验和纠错，具体的纠错原理和过程见附录 A。

2.2.3　测距码

测距码是用于测定卫星与接收机之间距离的一种二进制序列，是一种伪随机噪声码。北斗卫星每种信号测距码有所不同，其中 B1I 和 B3I 信号的测距码较为相似，均采用平衡 Gold 序列；B1C 和 B2a 信号的测距码采用分层码结构，由主码和子码异或而成。B1I 和 B3I 信号测距码生成原理和相位分配见附录 B。

2.3　北斗信号捕获与跟踪方法

2.3.1　北斗信号的捕获

北斗信号捕获是北斗接收机信号处理的第一步，只有实现对接收信号的伪随机噪声（pseudo - random noise，PRN）码、伪码相位、多普勒频移的捕获，并得到初步北斗信号估计结果后，才能进行后续信号跟踪与数据同步处理，从而得到精确的导航电文信息。从导航电文信息中可以提取伪距观测量、载波相位和多普勒频率观测量，最终实现北斗系统的定位、授时和短报文通信等功能。

1. 基于伪随机噪声码（测距码）捕获

北斗卫星导航系统采用码分多址（code division multiple access，CDMA）复用方式，每颗北斗卫星都拥有唯一的 PRN 码编号。当用户接收机收到北斗信号后，需要搜索所有可能的北斗卫星 PRN 码编号，并对所接收的北斗信号来源进行判断。通常根据两种算法对可视卫星进行搜索，方法一是通过北斗卫星的历书和星历数据，计算出卫星的位置，然后根据用户位置的估计值来确定用户接收机所对应空中的北斗卫星编号，从而对该卫星进行定向捕获。方法二是遍历所有北斗卫星的 PRN 码编号，当没有历书辅助捕获时，只能采取该方法。当采用方法一时，搜索运算复杂度低、耗时短，但需要历书的辅助；方法二不需要其他信息辅助，但运算复杂度高、效率低。

2. 基于伪码相位捕获

接收机上电时刻的随机性导致其接收信号相位的随机性，另外，卫星的相对运动通常导致接收机收到的北斗信号存在相位模糊，因此需要捕获接收信号正常相位值。由于伪随机码具有强自相关性，可以利用此特性来实现接收机对信号伪码相位的捕获。具体来说，接收机通过产生不同相位的本地伪码，再分别与输入信号进行相关运算，当本地伪码和接收信号伪码相位对齐时将达到最大相关，此时所对应的本地伪码相位可以作为输入信号伪码相位的粗略估计值。

3. 基于多普勒频移捕获

北斗卫星绕地球轨道运行时，卫星与接收机之间的相对运动将会产生多普勒效应，导致接收信号的载波频率发生偏移，因此需要通过捕获得到接收信号的载波频率。接收机通过产生本地载波信号并调节本地载波的频率值，将其与输入信号相乘并积分。由于相干积分可以去除输入信号中的高频分量，因此在伪码相位对齐时，如果本地载波频率和输入载波频率接近时，相关运算后将会产生一个最大峰值，则该峰值处对应的频率即为对应接收信号载波频率。

北斗卫星信号捕获原理如图 2-13 所示，基于 PRN 码、伪码相位和多普勒频移的捕获通常是一个三维搜索过程。第一维搜索的目的是判断接收信号的来源。当接收机上电初始化时，搜索方式通常采用"冷启动（cold start）"，即穷举搜索所有卫星的 PRN 码，耗时较长。而当接收机内存储有上次使用的定位结果和星历数据时，可以获知当前可视卫星，这种方式称为"热启动（hot start）"。通常热启动要求接收机使用时间间隔不超过 2h 或接收机位移不超过 300km，否则经验值失效。在经验值失效情况下的启动称为"温启动（warm start）"，温启动主要根据存储的星历来推算当前接收机对应的可视卫星，温启动的耗时介于热启动和冷启动之间。

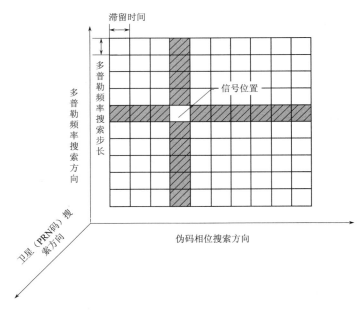

图 2-13 北斗卫星信号捕获原理

第二维搜索的目的是确定所接收的北斗卫星信号伪码相位，主要在伪码一个周期内包含的 2046 个码元范围进行搜索。为了保证捕获精度，伪随机码相位搜索步长小于或等于 1/2 个码元长，但码相位搜索步长越小，所需的计算量越大，捕获耗时越久。

第三维搜索的目的是确定所接收的北斗卫星信号载波频率范围。GEO、IGSO、MEO 卫星产生的最大多普勒频移约为 70.8Hz、2207.4Hz 和 4496.5Hz。此外，除了卫星高速运动产生的多普勒频移，接收机自身的射频（radio frequency，RF）时钟晶振偏差也会导致信号载波频率偏移。如果接收机采用 ±1ppm 精度电容值的晶振，搜索范围则还需要在多普勒频移基础上加 ±1.56kHz。为了便于计算，对于静态接收机，通常设定载波频率搜

索范围为 ±5kHz，高动态接收机载波频率搜索范围则为 ±10kHz，载波频率搜索步长为 500Hz。

捕获的性能与搜索步长、使用的信号数据长度密切相关，数据长度越长，捕获信号的信噪比越高，但同时会增加计算复杂度。由于北斗卫星信号伪随机码的周期是 1ms，至少需要 1ms 的数据才能完成捕获，如果仅用 1ms 的数据长度来捕获则需要较高的北斗接收机抗干扰能力及灵敏度。导航电文每个数据位的宽度为 20ms，且在 10ms 时间内可能出现一次电平跳变，因此一般采用连续的两个数据长度为 10ms 的信号来捕获北斗卫星信号。如果超过 10ms 将会导致相位转换，运算复杂度增加的问题。因此，只有当对信噪比很低的微弱信号进行捕获时，才采用 10ms 以上的数据长度。

传统的捕获方法是通过对伪码相位和载波频率进行二维搜索来实现，按照搜索方式，可分为串行搜索捕获算法、并行搜索捕获算法、FFT 频域捕获算法、PMF – FFT 捕获算法。几种捕获算法的具体介绍见附录 C。

2.3.2　北斗信号的跟踪

通过接收机对北斗信号的捕获处理，可以得到粗略的伪码相位和载波频率，但是仅靠信号的捕获还不足以实现导航电文的解调。一方面是由于捕获得到的载波频率和伪码相位的估计精度不够，一般信号捕获得到的伪码相位估计精度在 ±1/2 个码片范围内，载波频率的估计精度在几百赫兹之间。如果要实现导航电文的稳定解调，所估计的伪码相位差需固定在 0.01～0.1 码元之间，而载波的频率差和相位差要接近于 0 的时候；另一方面是由于北斗卫星和接收机的相对移动，导致天线接收到的信号的载波频率和伪码相位时刻发生改变，此外接收机本地时钟的钟漂和随机抖动都会影响对已捕获信号的锁定。因此，必须通过跟踪环路持续对北斗信号进行动态调整，得到精确的码相位值和载波频率从而完成导航电文的解调。北斗信号的跟踪包含载波分量的跟踪和伪码分量的跟踪，在实际应用中，这两种跟踪是紧密联系、同时进行的。为了清楚直观地分析，下面分别对这两种跟踪环路进行阐述。

2.3.2.1　载波分量的跟踪

假设伪码分量的跟踪环路已经处于稳定的锁定状态，现对信号载波分量的跟踪进行分析。信号载波分量的跟踪主要是通过载波跟踪环来实现，载波跟踪环通常有相位锁定环和频率锁定环两种形式，分别对载波的相位和频率进行锁定，从而彻底剥离北斗信号上调制的载波。相位锁定环和频率锁定环原理上相同，只是将相位锁定环路中的鉴相器替换成频率锁定环路中的鉴频器。相位锁定环通过鉴相器鉴别载波相位差异，然后调整本地载波相位信息使其与接收到的信号保持一致，频率锁定环则是通过鉴频器来纠正载波频率差异。

北斗接收机信号跟踪环的设计利用锁相环结构的特点，通过闭环反馈控制系统实现对相位和频率的精确跟踪。基本锁相环的工作原理见附录 D。

根据基本锁相环的原理来设计的载波跟踪环结构框图如图 2 – 14 所示。图 2 – 14 的工作原理步骤为：

（1）输入中频信号与本地伪码发生器产生的本地伪码进行相乘运算，进而实现输入中

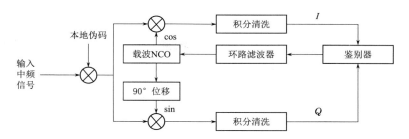

图 2-14 载波跟踪环结构框图

频信号的伪码剥离。

（2）将步骤（1）所得结果与本地载波数字压控振荡器（numerical controlled oscillator，NCO）输出的同相分量和正交分量分别相乘并积分，从而滤除掉高频分量得到同相分量 I 和正交分量 Q。

（3）同相分量 I 和正交分量 Q 通过鉴别器得到相位（频率）误差信号。

（4）相位（频率）误差信号经过环路滤波器，再反馈给载波 NCO 来调整信号，使得本地载波逐渐逼近输入信号载波的相位和频率，完成对信号载波的跟踪。此时 I 路输出信号为数据比特，传输给后续单元进行数据同步。

假设输入中频信号为

$$s(t) = \sqrt{2}AC(t)D(t)\cos(w_{\mathrm{I}}t + \theta_0) + n_{\mathrm{I}}(t)$$
$$n_{\mathrm{I}}(t) = \sqrt{2}n_{\mathrm{c}}\cos(w_{\mathrm{I}}t + \theta_0) + \sqrt{2}n_{\mathrm{s}}\sin(w_{\mathrm{I}}t + \theta_0)$$

(2-2)

式中　　　　A——信号幅度；

$C(t)$——信号伪码；

$D(t)$——数据码；

$\cos(w_{\mathrm{I}}t + \theta_0)$——信号载波；

w_{I}——信号载波角频率；

θ_0——信号载波初相；

$n_{\mathrm{I}}(t)$——噪声。

当伪码跟踪环锁定时，根据伪码的自相关性，输入信号伪码与本地信号伪码乘积为 1，即 $C(t)\hat{C}(t) \approx C^2(t) = 1$（$\hat{C}(t)$ 是本地信号伪码），可以实现伪码剥离。

将信号与本地载波输出的信号相乘所得的 I 路和 Q 路分量如下

$$I(t) = 2AD(t)\cos(w_{\mathrm{I}}t + \theta_0)\cos[w_{\mathrm{I}}t + \theta(t)] + \sqrt{2}n_{\mathrm{I}}(t)\cos[w_{\mathrm{I}}t + \theta(t)]$$
$$Q(t) = 2AD(t)\cos(w_{\mathrm{I}}t + \theta_0)\sin[w_{\mathrm{I}}t + \theta(t)] + \sqrt{2}n_{\mathrm{I}}(t)\sin[w_{\mathrm{I}}t + \theta(t)]$$

(2-3)

式中　$\theta(t)$——本地载波信号和输入信号频率 $w_{\mathrm{I}}t$ 及 θ_0 相异的部分。

I 路和 Q 路分量经过积分再滤除高频分量为

$$I(t) = AD(t)\cos[\phi(t)]$$
$$Q(t) = AD(t)\sin[\phi(t)]$$

(2-4)

$$\phi(t) \triangleq \theta(t) - \theta_0$$

(2-5)

式中　$\phi(t)$——输入信号和本地载波信号的相位差

最后把两路信号传输至鉴别器处理。

在第（3）步中使用的鉴别器分为鉴相器和鉴频器来对应载波相位和频率的同步，常见的锁相环的鉴相器和鉴频器分类见附录 D。锁相环路的噪声带宽较窄，可以精确地跟踪信号的信息，使得导航电文解调错误率较低，但锁相环路对动态应力承受能力较差，当信号较弱或者载体动态很大时，环路可能会失锁。而锁频环路的噪声带宽较宽，动态应力承受能力强，抗干扰能力相对较好，但是其跟踪精度相对较低，导航电文解调错误率较高。因此，结合两者的优点，设计锁频辅助锁相的跟踪环路可以更好地实现载波分量的跟踪，环路控制方式可以根据载波所处环境灵活切换。

2.3.2.2　伪码分量的跟踪

信号伪码分量的跟踪一方面是为了给载波跟踪环提供与接收信号伪码相位一致的本地伪码，从而完成伪码的剥离，实现更精确的载波跟踪；另一方面是为了提取伪距观测量，得到后续定位中所需要的参数。伪码分量的跟踪主要是通过伪码跟踪环来实现，北斗接收机信号跟踪设计一般采用的是延迟锁定环，可分为相干延迟锁定环和非相干延迟锁定环两种形式，相干延迟锁定环通常用于本地载波信号和输入信号的载波已经完全对齐的理想情况，此时输入信号视为基带信号。然而实际应用中，接收机常采用非相干延迟锁定的方式，需要对输入中频信号进行相关运算以消除载波相位差的影响。非相干延迟环结构框图如图 2-15 所示。

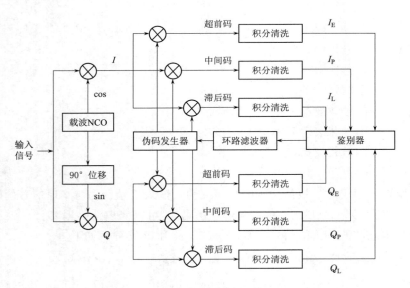

图 2-15　非相干延迟环结构框图

（1）输入信号分别与本地载波 NCO 输出的同相分量和 90°位移得到的正交分量相乘得到 I 分量和 Q 分量。

（2）本地伪码发生器产生三个不同相位的本地伪码，分别是超前码（early code）、中间码（prompt code）和滞后码（late code），分别与 I 分量和 Q 分量积分滤波。

（3）将积分滤波后的 I 分量和 Q 分量送入码相位鉴别器得到码相位误差信号。

（4）码相位误差信号经过环路滤波器滤波后，再反馈给伪码发生器来调整信号，使得本地伪码逐渐逼近输入信号的伪码相位，完成对信号伪码相位的跟踪。

三个本地伪码可表示为

$$c_{\mathrm{E}}(t) = C\left(t - \hat{\tau} + \frac{d}{2}\right)$$
$$c_{\mathrm{P}}(t) = C\left(t - \hat{\tau}\right) \tag{2-6}$$
$$c_{\mathrm{L}}(t) = C\left(t - \hat{\tau} - \frac{d}{2}\right)$$

式中 $d/2$——每个伪码之间的相位差；

d——伪码的码片单位。

主要码相位鉴别算法见表 2-9。

表 2-9 主要码相位鉴别器算法

鉴 别 器 算 法	特 点
$D = I_{\mathrm{E}} - I_{\mathrm{L}}$	最简单的鉴别器，不需要 Q 支路，但要求载波跟踪环能够严格锁定载波相位和频率
$D = (I_{\mathrm{E}}^2 + Q_{\mathrm{E}}^2) - (I_{\mathrm{L}}^2 + Q_{\mathrm{L}}^2)$	超前滞后能量差鉴别器，在码元差为 ±1/2 码元处输出和 $D = I_{\mathrm{E}} - I_{\mathrm{L}}$ 几乎相同
$D = I_{\mathrm{P}}(I_{\mathrm{E}} - I_{\mathrm{L}}) + Q_{\mathrm{P}}(Q_{\mathrm{E}} - Q_{\mathrm{L}})$	利用了六个积分器的输出，运算量大
$D = \dfrac{(I_{\mathrm{E}}^2 + Q_{\mathrm{E}}^2) - (I_{\mathrm{L}}^2 + Q_{\mathrm{L}}^2)}{(I_{\mathrm{E}}^2 + Q_{\mathrm{E}}^2) + (I_{\mathrm{L}}^2 + Q_{\mathrm{L}}^2)}$	通用超前滞后能量差鉴别器，码元差大于 ±1/2 码元时性能依然较好，并且能够保持对噪声信号的跟踪

常用的码相位鉴别器见附录 D。

2.3.3 导航数据同步

接收机对卫星信号处理过程中，除了通过捕获和跟踪完成对信号的载波同步和伪码同步外，还需要对信号进行位同步和帧同步处理。一方面是为了找到数据的比特起始边缘和子帧起始边缘的位置，进行导航电文的解调，从而获取精确的伪距观测量、卫星星历等导航信息；另一方面可以根据数据比特边缘的位置信息来延长跟踪环路中的相干积分时间，为信号跟踪提供更低的相位噪声和更高的灵敏度。

2.3.3.1 位同步

位同步又称比特同步，目的是找到正确的数据比特起始沿，保证数据解调的正确性。直方图法是最常用的位同步方法其示意图如图 2-16 所示。实现位同步的基本原理是在数据比特发生跳变的时刻，对应跟踪环路中 I 路和 Q 路积分器的相邻两次积分输出结果，比特符号可能出现正负值跳变；在数据比特稳定的时刻，跟踪环路中 I 路和 Q 路相邻两次的积分输出结果，比特符号保持不变，通过记录所有位置的符号跳变来统计判定数据比特起始位置。直方图示意图如图 2-16 所示。步骤如下：

（1）跟踪环在进入载波相位锁定后，随机选取某次积分结果的毫秒时刻编号为 1，随

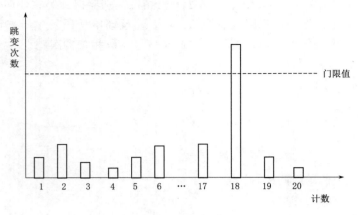

图 2 - 16　直方图示意图

后的每次积分结果时刻计数设置为 2，3，…，20 （数据比特长度为 20ms，每 20ms 有可能出现一次比特跳变），为每个时刻分配一个计数器。

（2） I 路和 Q 路积分器积分过程完成后比较本次积分结果和上次积分结果的符号是否发生了跳变，若有跳变则把本时刻对应的计数器统计次数加一。

（3）累积了一定时间后比较 20 个计数器的值，找到超过预定门限值的计数器编号对应的毫秒位置，如图 2 - 16 所示，判定为第 18 号计数器对应的时刻则发生了比特跳变。

2.3.3.2　帧同步

在位同步之后，接收机完成对每个数据比特的 0、1 判决，得到连续不断的比特数据流，但接收机在解调导航电文之前还必须进行帧同步。帧同步的目的是确认每个子帧的位置，把比特数据流组织成若干个字。北斗导航电文设置的同步字符（前导码）为每一个子帧的第 1 个字的前 11 比特，内容为 "11100010010"。对子帧进行完整性检查，若搜索到了该同步码，则完成了帧同步。但由于 Costas 环在载波跟踪后输出的数据比特可能会有 0、π 的相位模糊，因此 I 路积分器输出的数据解调结果可能是 "00011101101"。此时，搜索到该字符后需要对后续所有的数据比特进行一次取反操作。北斗导航电文的子帧如图 2 - 17 所示。

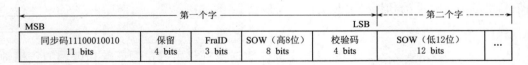

图 2 - 17　北斗导航电文的同步码和 SOW 信息

其中，MSB （most significant bit）为最高有效位，LSB （least significant bit）为最低有效位。由图 2 - 17 可知，北斗导航电文的第一个字为 30bit，同步码后面是 4bits 的保留信息，3bits 的子帧计数 （FraID），周内秒计数 （secondsof week，SOW） 的高 8 位和 4bits 的校验码。如果随机比特流中同步字正确，再核对子帧计数 ID，若校验码通过，且

SOW 字在合理的范围内，则判定当前帧同步正确。

2.4 北斗系统定位原理与方法

2.4.1 基本概念

2.4.1.1 北斗系统基本定位原理

北斗系统定位技术采用空间距离交会方法来确定用户位置，假设空间中三颗卫星的位置是已知的，只要测量出每颗卫星至用户的距离，以该距离为半径，以卫星位置为球心，进一步很容易确定用户的位置坐标即为三球相交点。因此，可以将北斗卫星至用户接收机天线之间的距离作为测量目标，通过导航电文得到北斗卫星瞬时坐标，再利用距离交会法解算出用户接收机的位置，实现用户位置的精准定位。由于北斗卫星时钟和用户接收机时钟均与标准北斗时之间存在误差，卫星时钟偏差可以通过导航电文获得，而通常将接收机时钟偏差作为未知量，因此为了确定用户接收机三维坐标及接收机时钟偏差共 4 个未知数，至少要测定用户接收机至 4 颗北斗卫星的距离。

北斗卫星定位原理如图 2-18 所示，假设用户接收机的坐标为 (X_u, Y_u, Z_u)，设 t 时刻，接收机同时接收到 4 颗卫星信号，测得接收机至每颗卫星的距离分别为 $\tilde{\rho}_i$，$i=1, 2, \cdots, 4$，同时根据收到的导航电文解译出 4 颗卫星的坐标分别为 (X_i, Y_i, Z_i)，$i=1, 2, 3, 4$，则可以列出

$$\begin{cases} \tilde{\rho}_{u,1} = \sqrt{(X_u - X_1)^2 + (Y_u - Y_1)^2 + (Z_u - Z_1)^2} + c \cdot \delta t \\ \tilde{\rho}_{u,2} = \sqrt{(X_u - X_2)^2 + (Y_u - Y_2)^2 + (Z_u - Z_2)^2} + c \cdot \delta t \\ \tilde{\rho}_{u,3} = \sqrt{(X_u - X_3)^2 + (Y_u - Y_3)^2 + (Z_u - Z_3)^2} + c \cdot \delta t \\ \tilde{\rho}_{u,4} = \sqrt{(X_u - X_4)^2 + (Y_u - Y_4)^2 + (Z_u - Z_4)^2} + c \cdot \delta t \end{cases} \tag{2-7}$$

式中　c——光速；

　　δt——接收机时钟偏差。

求解上述方程组即可求出用户的位置坐标。

从上述求解过程可以看出，要实现精准定位需要解决两点问题：首先需要测量北斗卫星的实时位置，这可以根据导航电文中的卫星星历、卫星时钟改正、电离层时延改正等信息可以来确定，此项工作完成后，可以将卫星位置作为已知参数；然后需要测量用户接收机至卫星之间的距离，该参数测量精度与定位精度密切相关，可以采用测定卫星信号在卫星和用户接收机之间的传播时间来确定，也可以通过测量北斗卫星载波信号与用户接收机产生的本地载波信号之间的相位差来确定。

2.4.1.2 北斗系统的测量误差

从北斗系统的定位基本原理可知，北斗系统通过测定卫星与用户接收机之间的距离并结合相关星历数据来确定用户的位置坐标，因此测量过程中必然存在一定误差。通常北斗系统测量误差主要与北斗卫星、卫星信号传播环境及用户接收机有关。此外，在某些高精

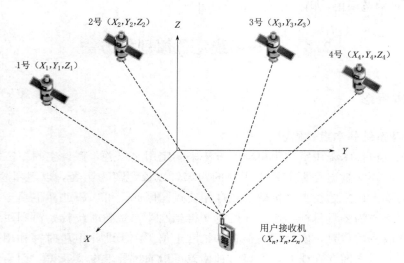

图 2-18　北斗卫星定位原理图

度定位测量中，还会考虑地球整体运动及相对论效应等所带来的影响。

北斗卫星相关误差主要有卫星星历和卫星时钟误差，星历误差是指星历数据中所标定的卫星位置与实际位置不一致，虽然北斗系统采用了 16 个参数来描述卫星运行轨迹，但是在实际运行中，北斗卫星会受到各种外界引力影响，因此，星历参数所描述的卫星轨迹与卫星真实运行轨迹之间必然存在误差。卫星时钟误差则与卫星时钟精度密切相关，虽然北斗卫星使用了极高精度的原子钟，其稳定度可达 10^{-13}，但是仍然存在一定的误差，主要包括系统误差和随机误差。卫星时钟误差主要通过模型进行修正，采用二阶多项式来表示，即

$$\delta t_i = a_0 + a_1(t - t_{oc}) + a_2(t - t_{oc})^2 \tag{2-8}$$

式中　t_{oc}——本时段钟差参数参考时间；

a_0——t_{oc} 时刻卫星钟差；

a_1——t_{oc} 时刻卫星钟速；

a_2——t_{oc} 时刻卫星钟速变化率。

相关修正参数通过电文信息发送给用户。

卫星信号传播环境相关误差主要考虑电离层和对流层误差，电离层位于地面上空 $50\sim 100km$ 范围，由于电离层气体受太阳辐射产生自由电子云，形成阻碍卫星信号传播的介质，将对卫星信号传播速度及传播方向产生影响，误差大小与仰角相关，在低仰角时，信号经过大气层时传播的路径更长，从而导致更大的电离层误差。对流层为地表上空 40km 范围内的区域，由于存在大量的氮气和氧气，将导致卫星信号传播速度的变化，从而产生测量误差，电离层误差量通常与气压、温度、信号传播角度有关。

与接收机相关的误差主要包括接收机时钟误差、天线相位中心位置偏差、热噪声及量化误差等。其中需要特别说明的是，导航解算时不将接收机时钟误差作为误差源，而将其作为未知项处理，通常不进行建模补偿。

2.4.1.3 北斗系统定位方法分类

根据不同的分类原则，北斗系统定位技术可进行如下划分：一是根据接收机的运动状态分为静态定位和动态定位；二是根据接收机是否存在参考基准分为单点定位和相对定位；三是根据观测信息的类型分为伪距定位和载波相位定位。

1. 静态定位和动态定位

静态定位是指接收机处理观测信息期间，接收机的位置保持固定不变或位置变化带来的影响可以忽略不计。相反，如果在观测期间接收机位置发生显著的运动变化，则称为动态定位。静态定位和动态定位的本质区别不是用户接收机是否绝对静止，而在于接收机运动状态的变化是否显著，即是否可以忽略接收机运动状态对定位结果所带来的误差。静态定位时接收机位置可视为定点，因而可以通过大量重复观测提高定位精度。动态定位精度通常要低于静态定位，由于动态定位时的载体速度多样性，为了保证定位的实时性，要求系统在较短时间内采集数据并进行解算处理，同时为了提高动态定位性能，通常采用相对定位方式。

2. 单点定位和相对定位

单独确定接收机在坐标系中的所处绝对位置的方法称为单点定位。单点定位采用一台接收机即可实现有效定位，观测的组织与实施较为方便，数据处理简单。但单点定位的结果容易受到大气延迟误差影响，因而定位精度相对较低。单点定位模式在车辆导航、矿产探索、海洋渔业及其他低精度测量等领域中具有广泛应用。

采用多台接收机同步跟踪相同卫星信号来确定接收机相对位置的方法称为相对定位。相对定位法能够有效抑制相同或近似误差（如卫星钟的时钟误差和大气中的传播误差），故可获得更高精度的定位结果。但相对定位需要多台接收机进行同步观测，系统复杂度较高，且当任意一台接收机出现故障时，都将导致与该接收机有关的相对定位失效，因此该方法的组织和实施更复杂。由于相对定位精度较高，因此其广泛应用于大地测量、工程测量等精密定位领域。

3. 伪距定位和载波相位定位

地面导航接收机收到的信号中包含伪随机码、导航电文、载波频率等信息，为了实现精准定位，关键在于北斗卫星与用户接收机之间距离的测量。目前，通常利用接收信号中伪随机码的时间延迟、载波相位信息来估计北斗卫星与接收机之间的距离（或距离差），其中，通过伪随机码测量卫星信号传播时延实现定位的方法称为伪距定位法；通过载波相位测量实现定位的方法则称为载波相位法。伪距定位法和载波相位法是实现北斗定位的基本方法，基于这两种方法可以设计出各种符合行业规范的增强型定位方法。

2.4.2 伪距定位

2.4.2.1 伪距测量原理

伪距定位的核心操作在于接收机根据接收、解析北斗卫星发射的测距信号，确定从北斗卫星到达自身接收天线的传播时延，因此也称为时间延迟法。假设已知北斗卫星发射测距信号时刻和接收机接收到该测距信号的时刻，两者之时间差即为传播延迟 Δt，再将传播延迟乘以光速可得到卫星至接收机的距离，即 $\tilde{\rho} = \Delta t \times c$。由于北斗卫星不停地发射信号，为了测量北斗卫星至用户接收机天线之间的传播延迟，利用接收机产生一个相同的参考测距信号，当用户接收机接收到卫星信号后提取有关的测距信号，并通过接收机信号延迟器使接收机内部参考信号和接收到的北斗卫星信号达到最大相关，此时参考信号必须平移量即为测距信号的传播延迟量。伪距测量原理示意图如图 2-19 所示。

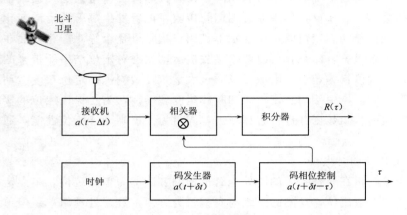

图 2-19　伪距测量原理示意图

如图 2-19 所示，在 t 时刻北斗卫星发射的测距码 $a(t)$ 经过传播延迟 Δt 到达用户接收机处，接收机收到的信号表示为 $a(t-\Delta t)$，与此同时接收机产生一个与北斗卫星发射测距码相同的本地参考码 $a(t+\delta t)$，其中 δt 为接收机时钟与卫星时钟的钟差，接收机码相位控制器不断将本地参考码进行延迟，延迟量为 τ，然后将这两组测距码传输至相关器进行相关运算，得到测距码的相关系数为

$$R(\tau) = \frac{1}{T}\int_{T} a(t-\Delta t)a(t+\delta t - \tau)\mathrm{d}t \tag{2-9}$$

通过不断调整延迟时间 τ，当 $R(\tau)$ 取得最大值时得到传播延迟 Δt，即可得到伪距 $\tilde{\rho}$。伪距测量观测方程的建立和定位解算过程见附录 E。

2.4.2.2　伪距差分定位

根据北斗卫星时钟误差、卫星星历误差及电离层和对流层延迟改正信息具有极高相关性的特点，在同一区域内采用多台接收机进行同步观测，通常将其中一台定点接收机设置为基准站，通过基准站接收机解算出到每颗北斗卫星的距离后，将该距离与含有误差的伪距测量值比较，得到差分校正量，然后将其发送给服务范围内的其他用户接收机，此时接收机可以利用该参数校正本地测量的伪距，从而进一步消除误差，提高定位精度。伪距差分定位原理见附录 E。

通过差分方式能够有效提升定位精度，由于伪距测量在相同的坐标系中进行，伪距改正量的测定也在该坐标系中，因此不需要进行坐标转换，有效避免了因坐标系转换带来的误差。此外，基准站可以提供所有可见卫星的伪距修正量，而用户接收机可以自适应选择最适合的卫星进行修正，增强了用户使用的选择性。伪距差分法的修正性能主要取决于基准站和用户接收机之间的距离，如果两者之间距离过大，将会引入新的系统误差，导致定位性能下降。

2.4.3　载波相位定位

2.4.3.1　载波相位测量原理

采用北斗民用测距码进行定位时，通常伪距定位法精度不能满足某些精密测量的高精度要求，即使采用差分技术，定位误差也较高。因此为了得到更好的定位性能，可以利用载波相位实现精准定位。载波是周期性的正弦波，用于调制测距码和导航电文，由于北斗卫星信号传播过程中，时间和空间距离的变化都将导致载波相位发生变化，因此利用载波相位变化实现星地距离测量是可行的。北斗卫星载波波长在厘米级，对载波相位进行测量，通常能达到厘米级甚至更高的定位精度。载波相位测量的基本原理是将接收机产生的信号载波相位与接收的北斗卫星信号载波相位进行比对，所得相位差为载波相位观测值，载波相位观测值乘以对应的北斗信号波长即为北斗卫星至用户接收机的距离。

假设从北斗卫星发射出一路相位为 Φ_S 的载波信号，经过空间传播至用户接收机，收到的北斗卫星信号相位为 Φ_R，其中 Φ_S 和 Φ_R 为从某一点开始计算的包括整数周在内的载波相位。为了便于计算，通常以周为单位，一周对应 $360°$ 的相位变化，同时对应一个载波波长。若载波波长为 λ，则北斗卫星至用户接收机的距离为

$$\rho = \lambda(\Phi_S - \Phi_R) \tag{2-10}$$

然而北斗卫星处的信号相位并不能直接通过测量来获取，因此无法直接采用上述方法求解。和伪距定位法类似，如果用户接收机产生一个和北斗卫星发送相同的载波信号，则接收机产生的本地参考信号的相位可以视为北斗卫星信号相位。载波相位观测量如图 2-20 所示。

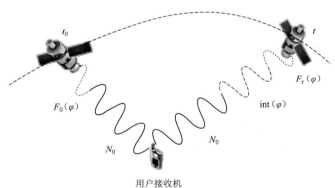

图 2-20　载波相位观测量

如图 2-20 所示，在 t_0 时刻，设用户接收机产生的本地参考信号的相位为 Φ_{R0}，接收到北斗卫星信号的相位为 Φ_{S0}，两者之差可以由整周数 N_0 及非整周部分 $F_0(\varphi)$ 组成，即有

$$\Phi_{R0} - \Phi_{S0} = N_0 + F_0(\varphi) \tag{2-11}$$

式中　N_0 ——整周模糊度。

当接收机成功捕获跟踪到北斗卫星信号后，接收机本地计数器开始记录锁定开始时刻至 t 时刻信号经过的整周数。因此，在 t 时刻完整的载波相位除了整周模糊度外，还包括非整周部分 $F_t(\varphi)$ 和整周波数 $\text{int}(\varphi)$，即

$$\varphi = N_0 + \text{int}(\varphi) + F_t(\varphi) \tag{2-12}$$

式中　$\text{int}(\varphi) + F_t(\varphi)$——载波相位观测量。

2.4.3.2　整周模糊度的确定方法

载波相位测量中不仅存在整周不确定性问题，而且由于天线遮挡和噪声干扰等原因，接收机接收的北斗信号可能突然发生短暂间断，间断期间接收机整周计数暂停，待信号恢复后继续计数，此时将丢失若干整数周，即跳周。因此，对于用户接收机来说，初始化时需要采取适当的数据处理方法来确定整周模糊度。目前，确定 N_0 的方法主要有平差法、最小二乘搜索法、模糊度函数法等，下面介绍常用的平差法。

考虑到连续跟踪北斗卫星的载波相位测量中均存在整周模糊度 N_0，要实现高精度定位，就需要正确测定 N_0 的值，可以采用长时间观测来获取足够多的观测量，把整周模糊度 N_0 作为平差计算中的待定参数进行估计，可分为整数解和实数解两种。

整数解是通过将观测值带入观测方程中进行平差运算，获取整周模糊度的估计值，此时得到的估计值通常不是整数，需要采用一定整数化方法将其固定为整数，再将其作为已知量带入原观测方程解算用户接收机的位置坐标。通常采用的整数化方法有四舍五入法和数理统计法，数理统计法从数理统计的角度来检验实数解整数化是否可行，具体来说，如果整数解在置信区间内，则认为该整数解是可行解，否则为不可行解，此外，如果在置信区间范围不止一个整数，需要将所有整数作为候选值，并将所有卫星的候选值组合并进行遍历，找到所有组合中具有最小标准差的整数作为估计值。实数解则是用在误差消除不够完善的情况下，由于整周模糊度通常估计不准确，如果再进行整数化会导致性能不佳，因此该实数解可以作为估计值。

2.4.3.3　载波相位差分定位

和伪距差分类似，载波相位差分技术也是通过多个接收机来观测北斗信号载波相位并进行实时处理，差分系统中也存在基准站。实现载波相位差分定位的方法主要有修正法和差分法两种，具体来说，修正法通过基准站将载波相位修正量发送给用户接收机，修正其载波相位观测值，进一步计算用户接收机位置坐标；差分法则是将基准站观测的载波相位发送给用户接收机，用户接收机收到该数据后，与本地观测数据求差得到差分观测量，再进一步解算用户的位置坐标，对于不同观测时刻、不同观测卫星及不同观测站可以进行适当组合形成不同的差分方法，常用的组合方法见附录 E。

2.5　北斗系统授时原理与方法

2.5.1　基本概念

授时技术，概括地说，就是计算出用户端本地与标准时间的钟差，进一步调整用户钟

面时间使其与标准时间一致。现代授时技术多种多样，比如短波授时、长波授时、低频时码授时、广播授时、计算机网络授时、电话授时、卫星导航授时等常见的授时技术。对于不同的业务需求，可选取适合的授时技术。其中，卫星导航授时因其具有高精度性、高可靠性等优势，成为了目前最主要的授时技术。

卫星授时服务可分为卫星无线电导航业务（radio navigation satellite service，RNSS）、卫星无线电测定业务（radio determination satellite service，RDSS）两大类。北斗卫星授时技术通过计算用户终端与协调世界时（coordinated universal time，UTC）的钟差 δt，进一步根据钟差 δt 来修正本地时钟，使本地时钟与 UTC 时间保持同步。北斗卫星授技术可以分为三类，分别为 RNSS 单向授时、RDSS 单向授时、RDSS 双向授时。这三类授时技术具有不同的特点，在不同的场景中有着独特的优势。本节接下来的内容将分别介绍这三种授时技术的原理与方法。

2.5.2 北斗系统授时原理

2.5.2.1 RNSS 单向授时原理

北斗 RNSS 单向授时技术是通过用户接收机接收来自北斗卫星的导航电文，并根据电文信息计算用户本地时间与 UTC 时间的钟差 δt_u 来实现的。北斗 RNSS 单向授时示意图如图 2-21 所示。

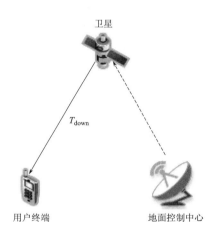

图 2-21 北斗 RNSS 单向授时示意图

当地面用户终端接收到北斗卫星发送的导航电文后对信息进行解算处理，得到该用户终端的位置信息和定时信息。其中，用户终端与 UTC 时间之间的钟差 δt 可以表示为

$$\begin{cases} \delta t = \delta t_u + \delta t_{UTC} \\ \delta t_u = \tau_{delay} - (\tau_{down} + \tau_{other}) \end{cases} \quad (2-13)$$

式中　δt_{UTC}——地面控制中心时钟（北斗导航系统时间）与 UTC 时间之间的钟差；

　　　τ_{delay}——由星地伪距计算得到的单向时延；

　　　τ_{down}——北斗卫星到用户终端的空间几何传播时延；

　　　τ_{other}——其他时延。

2.5.2.2　RDSS 单向授时原理

北斗 RDSS 单向授时系统主要由用户终端、北斗卫星、地面控制中心组成。北斗 RDSS 单向授时技术的基本原理是通过地面控制中心发送导航信号，经上行链路到达北斗卫星，然后由北斗卫星经下行链路转发至地面用户终端，用户终端接收到该导航信号后进行相应解算完成授时处理。北斗 RDSS 单向授时示意图如图 2-22 所示。

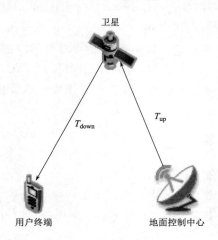

图 2-22　北斗 RDSS 单向授时示意图

用户终端接收到的北斗信号中包含了由地面控制中心发送信号时的北斗系统时间、北斗系统时间与 UTC 时间的钟差 δt_{UTC} 等信息，当用户终端接收到来自北斗卫星转发的信号后，进行解算得到用户终端与北斗系统时间的钟差 δt_u，其时序关系图如图 2-23 所示。

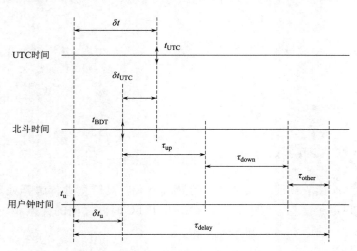

图 2-23　北斗 RDSS 单向授时时序关系图

从时序关系图可以看出，用户终端与地面控制中心的钟差 δt_u 可以表示为

$$\begin{cases} \delta t = \delta t_u + \delta t_{UTC} \\ \delta t_u = \tau_{delay} - (\tau_{up} + \tau_{down} + \tau_{other}) \end{cases} \tag{2-14}$$

式中 τ_{delay} ——根据伪距计算得到的时延量;

τ_{up} ——地面控制中心到北斗卫星的空间几何传播时延;

τ_{down} ——北斗卫星到用户终端的空间几何传播时延;

τ_{other} ——其他时延,包括上行和下行的对流层、电离层、Sagnac效应等产生的时延,以及转发器转发时延;

δt_{UTC} ——北斗系统时间和UTC时间差值,包括BDT相对于UTC的累积闰秒改正数、钟差和钟速。

用户终端根据计算出的本地时间与UTC时间的钟差 δt 对本地时间进行修正,从而完成单向授时。

2.5.2.3 RDSS 双向授时原理

在北斗单向授时中,地面用户终端只作为信号接收端,对接收到的信号进行处理后获得本地时钟与地面控制中心的钟差,进而计算得到本地时间与UTC时间之间的钟差 δt ,用户终端再根据钟差 δt 对本地时钟进行调整达到与UTC时间同步的目的。然而在北斗 RDSS 双向授时中,用户终端和地面控制中心均需要发送信号和接收信号,具体来说,信号的传输在整个授时过程主要有两步:一是地面控制中心—北斗卫星—用户终端传输过程,二是用户终端—北斗卫星—地面控制中心传输过程。北斗 RDSS 双向授时示意图如图 2-24 所示。

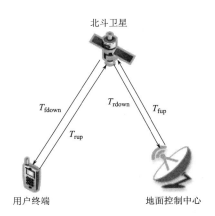

图 2-24 北斗 RDSS 双向授时示意图

地面控制中心首先向北斗卫星发出询问信号,并记录发出询问的时间,再由北斗卫星对用户终端进行广播,接着用户终端对接收到的信号进行应答,然后再经由卫星转发给地面控制中心,地面控制中心根据两次传输的过程计算出单向传输的时延。假设地面控制中心发出信号到北斗卫星的时间为 τ_{fup} ,卫星转发到用户的时延为 τ_{fdown} ,用户终端发出的信号到北斗卫星的时延为 τ_{rup} ,再经卫星转发到地面控制中心的时延为 τ_{rdown} ,那么地面控制中心解算得到的单向传输时延为

$$\tau = \frac{1}{2}(\tau_{\text{fup}} + \tau_{\text{fdown}} + \tau_{\text{rup}} + \tau_{\text{rdown}}) \qquad (2-15)$$

最后地面控制中心再将单向传输时延发送给用户,用户根据单向传输时延等信息计算

出用户终端与北斗系统时间的钟差，即

$$\delta t_u = \tau_{sum} - \tau - \tau_{rd} \tag{2-16}$$

式中 τ_{sum}——由伪距计算得到的时延量（包含单向传输时延及钟差）；

τ_{rd}——用户终端的设备时延。

那么可以根据钟差 δt_u 以及导航电文中含有的北斗系统时间与 UTC 时间的钟差 δt_{UTC} 来调整用户终端的时间，使之与 UTC 时间一致。

2.5.3 北斗系统授时方法

本节主要介绍北斗系统的授时方法，对照原理分类主要分为 RNSS 单向授时方法、RDSS 单向授时方法和 RDSS 双向授时方法，其中 RNSS 单向授时方法又可以按照授时是否已知用户终端位置分为单星授时方法和动态多星授时方法。具体的授时方法见附录 F。

2.5.4 授时精度

2.5.4.1 北斗 RNSS 单向授时精度

北斗 RNSS 单向授时精度与用户等效距离（user equivalent range error，UERE）密切相关，因此 UERE 能够在一定程度上反应授时的精度。当用户位置已知时，静止接收机可以根据单次伪距测量值解算出钟差，此时授时精度主要受系统误差源的影响。根据北斗系统的 UERE 值，可以计算其授时精度约为 23.7ns。

2.5.4.2 北斗 RDSS 单向授时精度

北斗 RDSS 单向授时精度主要受空间段、用户段、控制段三部分的影响。其中，空间段误差源主要包括卫星转发时延标定误差、卫星星历误差、上行电离层时延改正误差、下行电离层时延改正误差、上行对流层时延改正误差、下行对流层时延改正误差；用户段误差源主要包括多路径误差、接收机噪声、设备时延标定精度；控制段误差源主要是设备时延标定精度带来的误差。各误差源对 RDSS 单向授时的精度影响见表 2-10。

表 2-10 各种误差对 RDSS 单向授时的影响

误差源所处段	误 差 源	RDSS 单向定时影响
空间段	卫星转发时延标定误差	模型修正后误差为 10～14ns
	卫星星历误差	机动时段误差约为 70ns 星历快速恢复时段误差约为 5ns 正常时段误差约为 4ns
	上行电离层时延改正误差	模型修正后误差可忽略不计
	下行电离层时延改正误差	模型修正后误差为 1.5～7ns
	上行对流层时延改正误差	模型修正后误差为 0.3～3.3ns
	下行对流层时延改正误差	模型修正后误差为 0.3～3.3ns

误差源所处段	误 差 源	RDSS 单向定时影响
用户段	多路径误差	码相位误差约为 4ns
	接收机噪声	误差为 0.83～1.67ns
	设备时延标定精度	标定后误差约为 3ns
控制段	设备时延标定精度	标定后误差约为 0.5ns

针对各种误差源对授时精度带来的影响，通常需要采用一些技术手段进行补偿，例如对于卫星星历误差，可以采用广播星历以及精密星历进行改善；对于上行和下行电离层时延可采用国际参考电离层模型和 Klobuchar 模型对其进行修正，其中，Klobuchar 模型对电离层影响的修正不少于 50%；对于上行和下行对流层时延所产生的误差可以使用 Hopfield 模型和 Saastamoinen 模型进行修正；对于多径误差，可以采用选择合适的天线位置、采用抗多径天线、改进信号处理技术、适当延长观测时间、数据后处理等等方式进行消除或削弱。

2.5.4.3 北斗 RDSS 双向授时精度

北斗 RDSS 双向授时精度同样与于空间段、用户段、控制段三部分有关。其中，空间段误差来源主要为卫星转发器时延标定误差、卫星星历误差、出站信号上行电离层时延改正误差、入站信号上行电离层时延改正误差、入站信号电离层时延改正误差、入站信号下行电离层时延改正误差；用户段误差来源主要为多径误差、接收机噪声、设备时延标定精度；控制段误差则来自于大环测量精度、设备时延标定精度。但是在用户段，RDSS 双向授时精度的误差源除了设备时延标定精度带来的误差还有大环测量精度带来的误差。各种误差源对 RDSS 双向授时所带来的影响见表 2-11。

表 2-11   **各种误差对 RDSS 双向授时的影响**

误差源所处段	误 差 源	RDSS 双向定时影响
空间段	卫星转发器时延标定误差	模型修正后误差为 10～14ns
	卫星星历误差	误差约为 4ns
	出站信号上行电离层时延改正误差	模型修正后误差可忽略不计
	出站信号下行电离层时延改正误差	模型修正后误差为 1.5～7ns
	入站信号上行电离层时延改正误差	模型修正后误差为 3.5～17ns
	入站信号下行电离层时延改正误差	模型修正后误差可忽略不计
用户段	多路径误差	码相位误差约为 4ns
	接收机噪声	误差为 0.83～1.67ns
	设备时延标定精度	标定后误差约为 3ns
控制段	大环测量精度	误差约为 5ns
	设备时延标定精度	标定后误差约为 0.5ns

由表 2 – 10 可看出，在北斗 RDSS 双向授时中采用模型修正后出站信号上行电离层时延和入站信号下行电离层时延所带来的误差得到了明显的改善，模型修正后，这两项误差源所带来的误差可忽略不计。

2.6　北斗系统短报文原理

2.6.1　基本概念

短报文通信技术是北斗系统的特色技术，该技术使得北斗系统不仅能够实现导航定位，还具备了通信数据传输功能，从而实现用户和用户之间、用户和地面控制中心系统之间的双向数字报文通信，这是其他全球卫星导航系统所不具备的。北斗短报文和移动通信中的短信息业务（short message service，SMS）类似，其目的是实现消息的互传。目前北斗短报文业务在许多专业领域已经受到了广泛应用，例如在应急救援中，即使求救者位于沙漠、海洋等没有移动网络覆盖的区域，集成北斗短报文模块的北斗终端也能够实现与外界的信息传递；在地质监测中，各监测点通过北斗短报文将监测数据传输至控制中心，能够及时有效应对突发灾害等。根据服务地域范围大小，北斗短报文通信技术可分为 GSMC 和 RSMC 两类。具体来说，RSMC 服务利用 3 颗 GEO 卫星向我国及周边地区的合法北斗用户提供区域性短报文通信服务；GSMC 利用 MEO 卫星向全球范围位于地表及以上 1000km 空间内的合法北斗用户提供全球短报文通信服务。

北斗短报文通信服务依赖北斗卡实现，北斗卡的功能与 SIM 卡类似，任意一张北斗通信卡都有唯一的 ID 号，因此，应用短报文服务时需要预先注册合法的北斗通信卡。由于北斗短报文业务需要将报文数据回传至地面中心站进行处理，而卫星和地面通信链路的带宽和容量有限，出入站资源有限，因此北斗系统对所提供短业务的报文发送频度和长度进行了限制，不同等级用户可申请具有不同授权级别的北斗智能卡，常用北斗卡通信等级与服务频度见表 2 – 12 和表 2 – 13。北斗短报文通信技术使得北斗系统可以不借助其他通信网络的情况下，对用户进行监控指挥和调度，同时短报文通信网络不易受到外在因素影响，因此在位置报告、防灾减灾、应急救援等方面得到了广泛应用。

表 2 – 12　　　　　　　　　　　北 斗 卡 通 信 等 级

通信等级	电文长度/bit	汉字及 BCD 码
1	110	汉字：7 个 BCD 码：27 个
2	408	汉字：29 个 BCD 码：102 个
3	628	汉字：44 个 BCD 码：157 个
4	848	汉字：60 个 BCD 码：210 个

表 2 – 13	北 斗 卡 服 务 频 度	
用户类别	服务频度/s	默认值/s
一类	300～600	600
二类	10～60	60
三类	1～5	5

2.6.2 北斗短报文通信系统工作原理及业务体制

北斗系统的卫星无线电测定业务是其独具特色的优势业务，具备快速导航定位、定时授时和双向短报文通信三大功能。从"北斗一号"开始，北斗系统就采用 RDSS 体制为用户提供短报文服务，并沿用该体制服务到"北斗二号"。而"北斗三号"在兼容 RDSS 体制的基础之上，采用了广义 RDSS 体制和 RNSS＋短报文通信体制，从而在短报文信息长度、用户容量、定时与授时精度和信号质量上均得到了提升。

北斗短报文通信系统采用处理转发制，能够为北斗用户在任意时间点和位置点提供短报文服务，实现用户终端和地面站之间进行双向通信。北斗短报文通信系统组成包括用户段（用户终端）、空间段（北斗导航卫星）和地面段（地面控制中心），其通信示意图如图 2 – 25 所示。

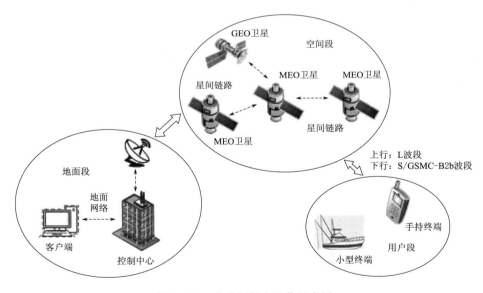

图 2 – 25 北斗短报文通信示意图

空间段部分 MEO 卫星配有注入天线和报文通信接收机，用户端通过 L 波段发送报文通信信号至可见的 MEO 卫星，经过上行链路进入具备处理转发体制的报文通信接收机，经过处理后报文信号发送到地面段。若该 MEO 卫星为地面段可见，GSMC – B2b 波段的信号经过该卫星的下行链路传输至地面段；否则信号将通过星间链路传输至地面段可见的MEO 卫星，最终经过可见的 MEO 卫星下行链路发送至地面段。

地面段的功能主要是完成报文通信系统的卫星载荷资源管理、系统维护、用户服务控制、境内段公网和专网的信息分发及安全保障。

用户段采用一户一卡的方式进行管理,手持终端、车载终端、紧急位置指示无线电信标等各种类型的用户终端内置了全球报文通信模块和多模 RNSS 模块。用户权限及服务的管理由地面主控站完成。

在一次常规的 GSMC 中,每个用户机都有唯一的 ID,用户机和用户机、用户机与地面控制中心的主控站(main control center,MCC)之间的短信息通信均需要经过主控站转发,其通信流程如下:首先,发信用户的终端按照短报文传输协议编辑并加密报文信息,发送 L 波段的报文信号发送至 MEO 卫星,经过上行链路进入报文通信接收机,经过处理后的信号通过下行链路转发至主控站;然后,主控站将接收的信号解密,根据发信用户的通信申请,对报文信息加密后转入出站电文,再经过空间段转发给指定的收信用户;最后,收信用户收到来自下行链路的 GSMC - B2b 波段的报文信号后,经过解调、译码、解密等处理得到出站电文,完成一次通信过程。

RSMC 的通信流程与 GSMC 类似,不同之处在于 RSMC 是基于 GEO 卫星向我国及周边地区用户提供区域短报文通信服务,并且 RSMC 的下行链路的频段为 S 波段。

为提高报文传输成功率,可以进行通信回执查询来确认收信用户是否成功接收。例如在 GSMC 中,回执确认流程图如图 2-26 所示,传输可靠性确认分为两部分:第一部分是 MCC 回执(MCC receipt),在 MCC 接收到短报文后,MCC 将短报文转发到目的地(用户 2),同时通过空间段向发起方(用户 1)发送回执,如果用户 1 在指定的时间(重传超时)内没有收到确认消息,用户 1 将重新发送短报文;第二部分是接收确认,如果用户 2 收到一条短报文,它将自动通过空间段向 MCC 发送一条接受确认消息(receiving receipt)。如果 MCC 没有收到接受确认,则应该再次转发该消息。通过 MCC 回执和在指定时间内接收确认处理,可以保证可靠的 GSMC 服务。

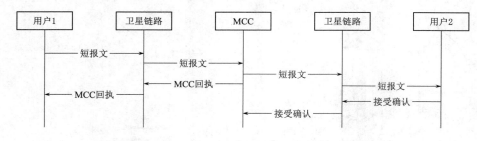

图 2-26　GSMC 回执确认流程

"北斗三号"的全球短报文通信业务可以提供位置报告、应急搜救和报文通信三项基本功能服务,其他所有基于全球短报文通信的业务应用都可以基于这三项基本功能延伸拓展。三项基本功能服务见附录 F。

2.6.3　北斗短报文外设通信协议

北斗短报文各项业务通过对应的申请报文进行服务申请,报文的生成基于通信传输协议中的通信申请协议和通信信息接收协议,北斗通信卫星及地面中心站通过识别报文标志和接收方用户信息完成报文解析处理与转发，从而提供对应的服务，如定位申请协议能够帮助用户获取当前经纬度、时间等信息。北斗短报文相关的外设通信协议见附录 F。

2.7 总   结

本章首先介绍了北斗系统的基本概况。根据北斗系统"三步走"发展战略，对"北斗一号"系统、"北斗二号"系统和"北斗三号"系统基本建设概况及系统功能特点进行了概括，总结归纳了不同建设阶段北斗系统基本服务性能指标；介绍了北斗系统的基本业务规划，主要阐述了包括面向全球范围提供的 RNSS 业务、GSMC 业务、SAR 业务及向我国及周边地区提供的 SBAS 业务、GAS 业务、PPP 业务和 RSMC 业务的基本内容和性能指标；介绍了北斗系统空间星座、地面段、用户段的基本定义，特别给出了地面段组成结构，具体介绍了各子系统的基本功能；介绍了北斗系统在各领域的典型应用，以北斗系统在交通运输、农林牧渔、环境监测、防灾减灾、电力金融、智慧城市等领域的应用为例，展示了多种基于北斗系统的应用场景及解决方案。

然后介绍了北斗导航卫星信号。以 B1I 和 B3I 信号为例，简要介绍了北斗卫星信号的调制方式、载波频率等关键信号参数；介绍了北斗导航电文，特别对 D1 导航电文二次编码原理、导航电文帧结构、电文内容信息和 D2 导航电文帧结构、电文内容信息等进行了详细介绍，同时介绍了导航电文所采用的 BCH 纠错编译码方法；介绍了北斗测距码的生成原理。

随后进一步介绍了北斗信号的捕获和跟踪方法。概述了北斗信号基于伪随机码捕获、伪随机码相位捕获、多普勒频移捕获的基本原理，讨论了实施三维搜索的原因，总结了伪随机码相位搜索和载波频率搜索中搜索步长与捕获性能之间的关系；介绍了北斗信号载波分量跟踪和伪码分量跟踪的基本原理和实现步骤；介绍了导航数据同步过程，主要包括位同步和帧同步的基本原理，特别讨论了基于北斗导航电文前导码的帧同步实现过程。

接着介绍了北斗系统的定位原理和方法。对北斗系统所采用的空间距离交会定位原理进行了概述，讨论了北斗系统定位测量中与北斗卫星、信号传播环境、用户接收机相关的误差源，同时根据不同的分类原则，对北斗系统定位技术进行了简要划分；介绍了伪距测量原理，针对伪距单点定位算法存在的定位精度不高问题，进一步介绍了利用基准站给出的伪距修正数据来实现用户接收机伪距修正的基本原理，即伪距差分定位算法；介绍了载波相位定位算法，对载波相位测量原理、整周模糊度确定方法等进行了详细分析，给出了对应推导过程，进一步对载波相位差分定位算法进行了介绍。

然后介绍了北斗授时原理与方法。给出了北斗授时技术的基本概念，指出授时的根本目的就是修正本地时钟使之与 UTC 时间保持同步；介绍了北斗系统 RNSS 单向授时技术、RDSS 单向授时技术和 RDSS 双向授时技术的基本原理，同时给出了相关授时示意图；介绍了北斗系统各授时算法的授时精度，阐述了在北斗授时过程中常见的误差源及对应的误差修正方法，进一步展示了不同误差源给上述三种授时技术带来的定时影响。

最后介绍了北斗短报文通信原理。概述了北斗短报文业务中的 GSMC 和 RSMC 两类业务以及常用北斗卡通信等级与服务频度；介绍了北斗短报文通信原理，分析了北斗短报文通信实现流程；介绍了北斗短报文通信协议。

第3章 电力北斗应用体系架构

3.1 电力北斗应用体系总体架构

打造坚强智能电网是电网企业适应技术创新和社会发展需要的重要举措。智能电网以坚强网架为基础，以信息通信平台为支撑，需要集成各种先进传感技术、信息通信技术和自动控制技术才能具备高度信息化、自动化、互动化特征，是能源互联网发展的重要基础。建成安全可靠、开放兼容、双向互动、高效经济、清洁环保的智能电网体系，实现清洁能源的充分消纳、提升输配电网络的可靠性及柔性控制能力、满足并引导用户多元化负荷需求是智能电网的发展目标。作为时空基础支撑组件，北斗卫星导航系统在电网建设中的重要性越来越突出。

全球能源互联网是坚强智能电网发展的高级阶段，核心是以清洁能源为主导，以特高压电网为骨干网架，各国各洲电网广泛互联，能源资源全球配置，各级电网协调发展，各类电源和用户灵活接入坚强智能电网。在能源和电力需求增长的驱动下，世界电网经历了从传统电网到现代电网，从孤立城市电网到跨区、跨国大型互联网的跨越式发展，进入以坚强智能电网为标志的新阶段。推进北斗系统在电力业务的深入应用，有助于构建全球能源互联网。

电力北斗立足国家以及电网公司加快构建清洁低碳、安全高效能源体系的战略需要，依托精准时空位置网和能源物联网，可面向发、输、变、配、用各环节提供位置定位、授时、短报文通信等应用，有效支撑新能源电站的优化调度和输电通道的稳定运行，保障新能源及时并网和消纳。电力北斗应用总体示意图如图3-1所示。

电力北斗应用体系总体框架包括数据采集层、网络层、应用支撑层、应用系统层和用户层，同时包括相应的技术标准规范体系、信息安全保障体系以及相应的机房配套设施。系统总体架构如图3-2所示。

(1) 数据采集层。数据采集层为本工程提供基础数据资源，通过基准站采集北斗/GNSS原始观测数据以及时频基准数据。

(2) 网络层。网络层负责站网至数据中心之间的数据传输以及高精度时间与位置服务播发。基于现有电力专网进行数据传输，保障数据传输的可靠性，同时预留其他行业（包括国防行业）以及公共数据的接入接口，传输采用国防/行业专网、公共网络以及北斗短报文。相应地，针对不同行业与用户，通过电力专网以及其他网络（北斗短报文、国防/行业专网、公共网络）提供高精度位置与时间服务。

(3) 应用支撑层。应用支撑层包括时空精准服务网和能源物联网，为基础数据管理、高精度位置服务信息处理提供技术支撑，是电力北斗应用体系的核心，包括基础数据管理平台和综合数据处理平台以及相应的运行控制和监测系统。其中，本工程重点建设电力北斗基准站。

(4) 应用系统层。应用系统层是整个系统业务功能和应用的实现，是对外提供精准位置和时间服务和高精度位置服务基础信息资源的窗口，包括电力北斗精准服务产品播发系统、电力北斗精准服务性能监测系统和用户综合管理系统。

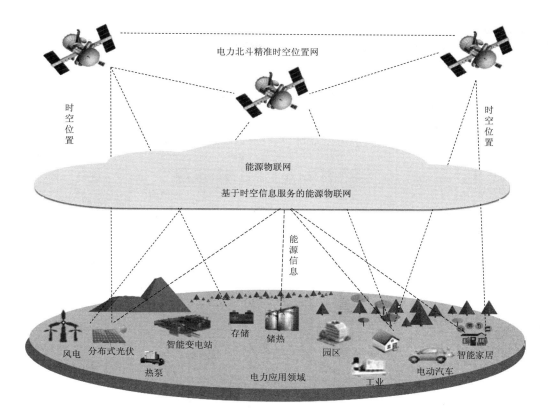

图 3-1 电力北斗应用总体示意图

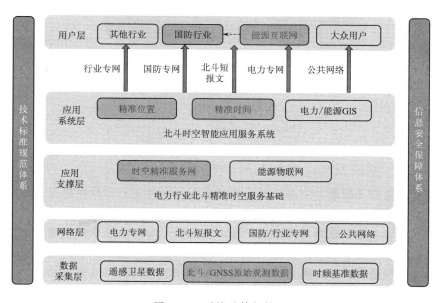

图 3-2 系统总体架构图

（5）用户层。用户层不在本工程建设内容范围内，包括电力行业、国防行业等其他行业应用高精度位置服务的系统、社会公众用户等。

（6）技术标准规范体系。技术标准规范体系主要包括需遵循的相关国际标准、国家标准、行业标准，以及配套制定的相关标准规范等。

（7）信息安全保障体系。信息安全保障体系包括国家电网已构建并同步完善的数据、应用、网络等各个层面的安全保障体系，以及配套制定的信息安全保障体系。

结合系统总体框架，北斗时空数据流程图如图 3-3 所示，图中数字代表步骤顺序。

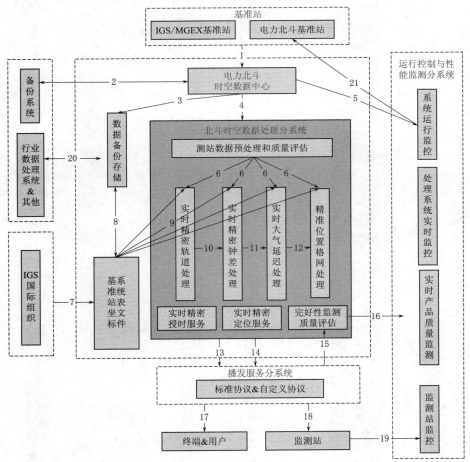

图 3-3　北斗时空数据流程图

同时在平台服务支撑能力方面，北斗卫星应用综合服务平台提供精准播发服务为示范区各业务系统提供精准位置服务：可为基建业务提供包括短报文通信、关键人员到岗到位、现场车辆管理、施工现场环境监测、施工作业安全等业务场景的精准位置数据；为运检业务提供主要包括杆塔倾斜姿态监测预警、无人机巡检移动作业管控、变电站人员作业安全管控、配电线路授时和故障定位、地质灾害监测预警、线路风偏舞动监测预警等业务场景的精准位置数据；为营销业务提供无公网地区用电信息采集短报文数据服务；为调度业务提供精度可达到纳秒级的高精度授时服务。业务应用导向图如图 3-4 所示。

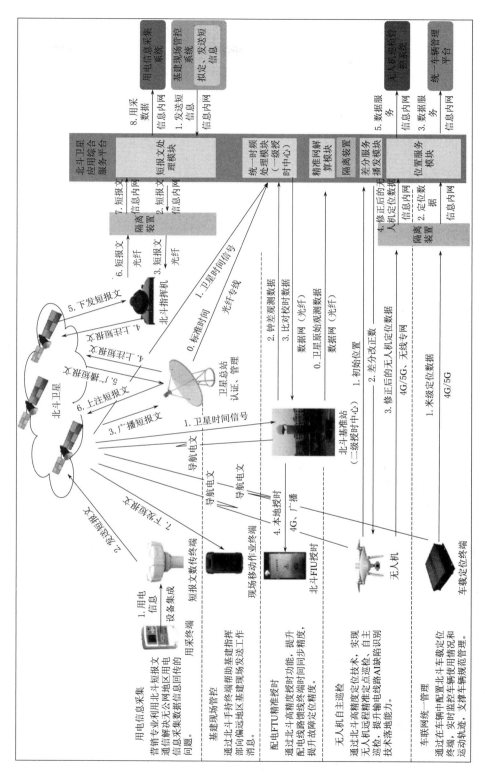

图 3-4 电力北斗业务应用导向图

3.2　电力北斗精准时空服务网

北斗地基增强系统是北斗卫星导航系统的重要组成部分，用于提供增强北斗卫星导航系统定位精度和完好性的服务。北斗地基增强系统建设情况见附录 H。电力北斗地基增强站是电力北斗精准时空服务网的基础，可为无人机自主巡检、变电站机器人巡检等提供高精度的位置服务，为电力设备状态分析、电力调度中的时间同步提供授时授频服务。

3.2.1　地基增强站系统方案

地基增强站也称基准站，配备北斗卫星测量型接收机和通信终端等设备，连续观测接收卫星信号，实时将数据传输给解算运营平台处理，生成差分改正数，通过网络或无线电等通信手段进行播发，形成格网覆盖全国范围的虚拟参考站网。

用户配备高精度位置服务接收终端，借助通信链路接收来自解算运营平台播发的所在虚拟参考站对应的差分改正信号，对自身直接获取的北斗卫星低精度观测值进行实时修正，最终得到自身的高精度定位结果，定位精度可达实时厘米级。对于需要更高精度的用户，可通过由解算运营平台下载基准站观测数据进行精密后处理，实现毫米级的高精度定位。对于输电线路地质灾害监测、电力铁塔变形监测等毫米级精度需求，需将用户站的数据和接收机数据通过数据传输系统传到数据中心进行事后差分解算，得到高精度定位数据。

由于卫星运行轨道、卫星时钟存在误差，大气对流层、电离层对信号的影响，使得 GNSS 接收机的定位精度只有米级。为提高定位精度，普遍采用差分技术进行观测，测量精确坐标与观测值进行比较，作为数据解算的基础。为保证观测数据可靠，地基增强站采用多模高精度 GNSS 接收机作为观测数据采集设备，接收机在观测数据采集过程中不但可以将观测数据存储到接收机内部，同时还可将观测数据通过光纤传输至监控中心。由于现场具备市电条件，监测分系统供电均采用市电，为了防止停电对监测造成影响，供电系统均配备 UPS 电源。地基增强站系统示意图如图 3-5 所示。

地基增强站系统具备以下功能：

1. 数据采集与管理功能

北斗/GNSS 观测数据是本工程最基本的数据来源，北斗/GNSS 观测数据质量的好坏直接关系到本系统服务的稳定与否。本系统应具备实时采集北斗/GNSS 基准站观测信息，并实时传输至数据中心（延迟小于 5s）且数据可用率不低于 99% 的功能。

2. 数据质量检查与处理功能

北斗高精度时空数据中心接收基准站网采集的北斗/GNSS 观测数据，对数据进行质量检查与分析，包括多路径与噪声、周跳探测等。系统利用预处理后的观测数据实时计算卫星精密轨道、精密钟差、大气延迟和精准位置格网产品。

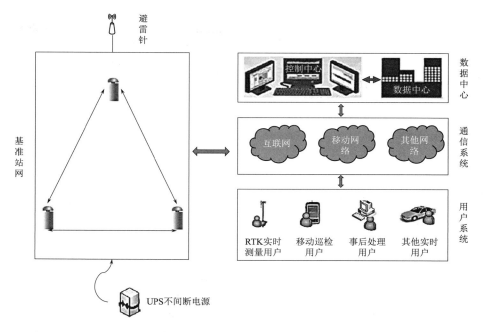

图 3-5　地基增强站系统示意图

3. 高精度服务产品播发功能

播发系统对数据处理与分析中心生成的精密轨道、精密钟差、电离层改正数、对流层格网改正数以及精准位置格网信息进行打包，向用户播发。

4. 运行状态监控功能

系统应实时监控各基准站运行状态，实现基准站远程操控和机房设备控制的功能；系统能够对原始数据的完整性进行分析，主要包括数据丢失历元的统计以及卫星星历的完整性和有效性监测；监测卫星的健康状态，并对异常卫星提供报警信息；验证系统播发的位置服务信息，当系统提供的位置服务信息不满足精度指标时，向系统发出报警。通过对机房设备信息的采集，自动对设备工作状态数据进行分析处理，实现自动报警功能。

5. 用户服务与管理功能

系统应对用户身份信息进行备案和管理，并严格控制用户权限，根据用户类别、使用目的、授权级别等信息提供不同精度的位置服务，确保安全性。

3.2.2　地基增强站系统组成

地基增强站系统主要包括参考站网子系统、供电系统、通信系统、防雷系统、数据中心子系统、用户应用子系统等。地基增强站系统设施组成如图 3-6 所示。

3.2.2.1　供电系统

基准站均由变电站内的市电供电，无需单独建设供电工程。基准站系统加装在线式

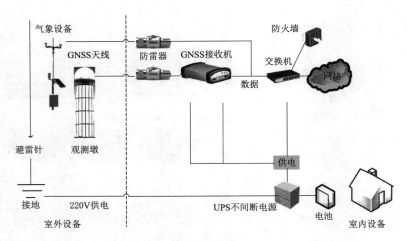

图 3-6　地基增强站设施组成框图

UPS，由 UPS 统一给所有设备供电，保证系统连续工作。UPS 蓄电池及性能要求如下：①UPS 配置一组 3 节 100Ah/12V 蓄电池，并配套电池箱；②UPS 主机为高频在线式 1kVA，单进单出，具备节能认证；③每组 UPS 配备网络监控卡，可检测 UPS 状态信息，允许在线远程查看和邮件报警；④支持通过配置关机保护软件的客户端，实现 UPS 断电自动关机保护的功能。

3.2.2.2　通信系统

在系统站网和数据中心通信方面，通过市级电力四级传输网—省级三级传输网—区域二级传输网直达点后，通过对接 SDH 网络，传到电力北斗时空数据中心。基准站侧可通过 SDH 设备输出 2M 电接口，同时配置协议转换器，将 2M 帧格式转换为 IP 数据包。所有基准站的 2M 通道通过 SDH 网络的时隙汇聚到数据中心的 155M POS 端口，对接高端交换机转换为 IP 数据包传送至主服务器系统。北斗时空数据回传网拓扑图如图 3-7 所示。

对于站网和数据中心间的通信，充分利用电网的成熟通信手段，如光纤专网、大功率 WiFi、LTE230 无线宽带等现有专网，并结合北斗短报文等新型通信手段，实现对观测数据、广播星历、轨道/钟差等数据的稳定高效基础通信服务。

1. 光纤专网

公司省际、省级和地市三级通信光缆总长达百万公里级，其中省际骨干网整体形成连接 27 个省公司的"六纵六横"网架结构，省级骨干网形成贯通省、地市公司及直调厂站的环状网络结构，地市网覆盖地市公司、县公司、地调直调厂站、供电所营业厅及部分 10kV 站点。省际、省级骨干网带宽达百吉字节级别，地市网带宽达十吉字节级别，并支持系统保护、精准服务控制、物联网、云技术等新业务运用。

在覆盖范围上，电网长距离光缆广泛覆盖国内偏远用电地区，但对于一些市县级末端的覆盖盲区较多，基本可支持同数据中心的通信。在带宽容量上，光缆专网在承载电力传统通信业务的基础上有适当预留，基本可以满足新增的北斗地基增强网基础通信

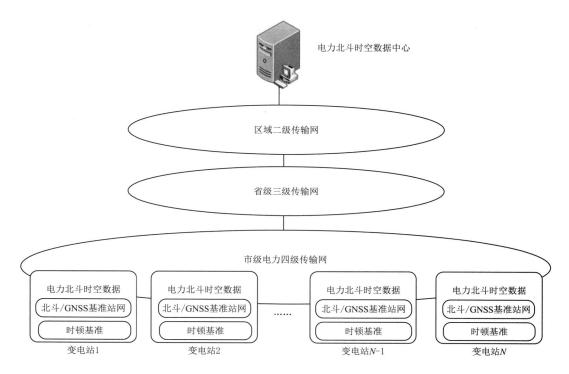

图 3－7 北斗时空数据回传网拓扑图

需求。

基准站观测值由电力光纤专网等通信手段传输至运营解算中心服务器。光纤方式通信拓扑图如图 3－8 所示。

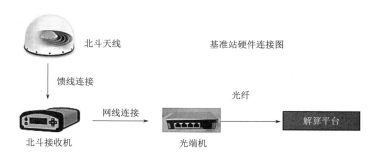

图 3－8 基准站光纤方式通信拓扑图

2. 大功率 WiFi

WiFi 是当今使用最广的一种无线网络传输技术，通常使用 2.4G UHF 或 5G SHF ISM 射频频段。普通 WiFi 覆盖范围是 $100 \sim 300\text{m}$，新型的大功率 WiFi 采用 802.11ac WiFi 无线技术，可以提供覆盖范围 5000m、高达 866Mbit/s 的大容量带宽，为语音、视频和数据提供稳定可靠的链路，方便各种无线终端的接入，使得用户具备一种稳定有效的无线数据传输手段，满足北斗地基增强网部分基站无线数据链路传输与播发服务需求。

3. TD-LTE 无线宽带

TD-LTE 无线专网具有组网灵活、建设便捷、应用成熟的优势，同时其频段、设备、网络的专用避免了无线公网在带宽、时延、业务终端率、安全可靠性方面的限制，能够有效补充有线传输网络并高效解决配用电通信"最后一公里"接入的问题。

无线专网采用 230M 频段，支持的频段为 $223.025 \sim 235.000 \text{MHz}$，频率间隔为 25kHz，接收灵敏度优于 $-114 \text{dBm}/25 \text{kHz}$，$\text{BER} < 10^{-6}$ 或 $\text{BLER} < 10^{-2}$。基站时钟精度小于 $\pm 0.1 \text{ppm}$；基站之间频率同步精度小于子载波间隔的 1%，基站之间时间同步精度高于 $1 \mu s$。

无线专网建立了端到端的安全防护体系，通过在接入域、传输域、核心域（"三域"），用户平面、控制平面、管理平面（"三面"），设备层、网络层、业务层（"三层"）引入具有针对性的安全防护措施，有效应对由于无线信道开放特性、无线网络共享特性、无线终端移动特性所导致的 TD-LTE 无线专网的安全风险，从而保障电力通信的安全可靠。

4. 北斗短报文

利用北斗特有的 RNSS/RDSS 双体制工作模式，其 RDSS 短报文通信利用地球同步轨道上的卫星提供服务波束，用户需要响应服务波束并将数据回传到中心站进行处理。北斗卫星波束覆盖范围内都可接入短报文服务，覆盖范围广，接通能力强，实时性好。

在精准服务产品播发链路方面，对内的播发服务仍依靠国网基础通信网络，主要利用光纤、无线专网等方式；对公众用户播发采用电台、互联网和移动互联网相结合的方式实现实时差分修正信号和授时信号广播下发，向用户定位设备提供实时精准定位和授时等服务。采用互联网 FTP 方式实现事后数据下载服务，采用互联网方式向用户提供定位以外的其他位置大数据服务。电台方式采用甚高频（VHF）播发，目前采用 35W 基准站电台和 2W 流动站电台，实际广播服务距离通常在 $5 \sim 10 \text{km}$。

采用网络方式实时广播下发，具有覆盖面广、传输速率高、费用低廉等优点。支持用户设备的域名访问或者 IP 地址访问方式。

现阶段，国网公司通信网络完备，自有专用网络通信光缆长度 130 万 km，主干网带宽达到 400G，信息通信资源已 100% 覆盖 110kV 及以上变电站、营业厅。公司专用网络安全稳定、覆盖度广、承载容量大，可有效承载统一的高精度位置服务、授时、短报文等业务，可支撑构建完整的北斗应用数据中心和综合服务平台。在保障安全的基础上，公司专用网络还可与其他国家级网络并轨，为相关行业企业提供北斗系统应用服务。

3.2.2.3　防雷系统

依据地基增强站监测点实地踏勘和实地测试报告，结合防雷规范要求和杆塔自身高度，实地测试选择的监测点安装位置在杆塔防雷影响范围之内，因此监测点不需要独立建设避雷针，所有监测点在接收机和天线之间安装雷电保护器，电源接入端安装电源保护器，作为感应雷防护使用。

避雷针与天线横向距离不小于 3m，避雷针高度按照"滚球法"确定，粗略计算可以按照 45°角考虑，则铁塔避雷针保护半径约等于塔高，考虑到监测杆高 3m，GNSS 天线和监测墩高度小于 1m，在踏勘点选择安装点位时，铁塔避雷针保护监测杆的半径约为塔高减去 4m。

1. 直击雷防护建设

直击雷的防护采用避雷针的方式，要求避雷针与被保护物体横向距离不小于3m，避雷针高度按照"滚球法"确定。

2. 感应雷防护建设

感应雷是由于雷电放电时，巨大的冲击雷电流在周围空间产生迅速变化的强磁场引起的。感应雷的防护是在通信线路两端分别加装防雷器，一端的防雷器靠近传感器，避免由于感应雷造成的电流对传感器的损害；另一端的防雷器尽量靠近数据处理设备。避雷器的接地端与避雷网连接，连接处采用涂抹防锈漆等手段保证导电，接地电阻不大于4Ω。

3. 避雷网建设

为保证接触面积端部采用角铁入地，扁铁相互连接，角铁长度1m，扁铁长度2m。避雷网是由40×4mm热镀锌扁钢互连组成的。当现场角铁无法定入碎石中时，采用换土技术将扁铁、角铁直接埋入土中。电力北斗精准服务网基准站（试验站）如图3-9所示。

图3-9　电力北斗精准服务网基准站（试验站）

3.2.3　地基增强站业务流程

基准站网子系统用于获取解算位置的基准数据，是本系统的核心建设内容。供电系统给参考站系统供电，实现连续工作，防雷系统用于参考站的保护。通信系统实现数据的传输。数据中心子系统用来进行基于基准数据及监测数据的位置解算。用户应用子系统是业务使用方对定位数据的使用、管理和可视化。地基增强系统业务流程如图3-10所示。

各接收机实时接收GNSS定位信号，采集并存储数据，再通过光纤专网将数据传回到数据中心。数据中心会针对虚拟参考站（VRS）等方式进行解算。

对于实时用户而言，需要解算运营平台进行实时差分解算，将差分改正数等信息通过数据链路实时传给用户终端，使用户站终端得到厘米级的实时定位精度。对于输电线路地质灾害监测、电力铁塔变形监测等毫米级精度需求，需将精密星历等数据和接收机数据等

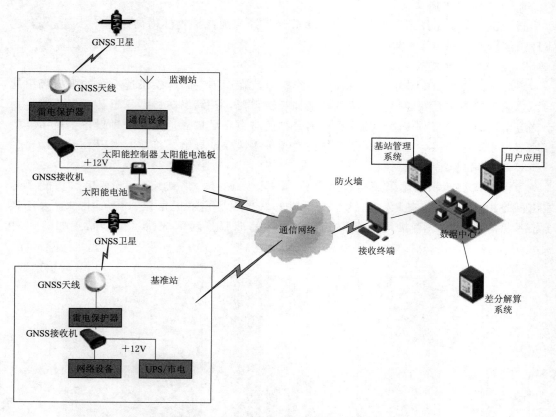

图 3-10　地基增强系统业务流程图

通过数据传输系统传送到数据中心进行事后差分解算，得到用户站的高精度定位数据。

　　定位服务播发优先采用虚拟参考站 VRS 的网络 RTK 方式进行，虚拟参考站工作流程示意图如图 3-11 所示。

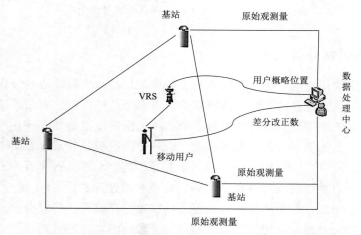

图 3-11　虚拟参考站工作流程示意图

基准站连续不断地向数据处理中心传输卫星观测数据，数据处理中心进行实时解算并建立误差模型，通过内插获得 VRS 误差改正值或虚拟观测值，以 RTM 格式发给终端，终端接收数据中心发送的 VRS 差分改正信息或虚拟观测值，通过差分计算得到用户实时高精度定位结果，或者在数据中心得到事后毫米级定位结果。

3.3 电力北斗精准定位应用架构

依托电力北斗地基增强站、精准时空服务网，搭建北斗卫星应用综合服务平台，以时空数据、时空服务总线为建设核心，打造具有运维服务、解算服务管理、播发服务管理等基础能力的系统，为其他业务系统提供智能化的精准时空服务支撑。

3.3.1 位置解算总体架构

北斗综合服务平台将实现北斗终端设备的接入、运维和运营管理，根据北斗地基增强系统基准站提供的数据建立一套独立的解算引擎，为用户提供精准位置服务，同时实现数据梳理，保障位置、短报文数据的有效应用，位置解算总体架构概览图如图 3-12 所示。平台具备以下核心技术：平台基于北斗三代的单北斗系统定位，全精度领域覆盖；多类算法集于一身，解算精度可靠性高；全网电离层技术（算法）：解决低纬度地区网络 RTK 的技术和网外精度难题；"单站对流层估计"技术（算法）：解决复杂环境定位难题；几何无关的模糊度搜索算法，解算超长基线；分布式系统，微服务架构，解决海量用户并发。

平台数据处理反面包括电力北斗数据存储和电力北斗数据处理。电力北斗数据存储根据北斗地基增强系统的建设要求保证能够至少存储本省基准站 1 年的运行数据，北斗设备 1 个月内的历史位置信息，用户 1 年内的操作日志、短报文、运营值班记录信息以及永久存储其账户计费和充值记录信息等。电力北斗数据处理能保证进行不低于本省全部基准站的实时数据综合处理，可并发处理动态位置、短报文、行业业务信息等实时信息量不小于 200 条/s。并能根据用户需求提供基于 FTP 协议、HTTPS 协议、NTRIP 协议等协议提供文件、Web 页面、实时数据流等各种数据服务。

根据北斗地基增强系统基准站提供的数据，建立独立的解算引擎，包括基线解算和定位解算两个部分，独立为用户提供精准位置服务。通过基线处理、整周模糊度解算、电离层和对流层误差估计等算法，对接入的基准站数据进行建模计算，生成实时高精度的位置及时间改正信息。基于高精度位置改正信息，对系统接入的各类位置终端设备的位置信息进行解算，根据解算结果为用户提供实时米级、分米级、厘米级和准实时/事后静态毫米级等不同精度的定位服务。

3.3.2 业务应用架构

北斗卫星应用综合服务平台所提供的北斗综合服务平台主要包含基准站管理、解算管理高精度播发管理、终端接入管理、运维服务管理等应用模块。这些业务需求从软件系统设计角度转换成应用架构，实现贴合能源物联网的应用架构，应用架构图示意如图 3-13 所示。

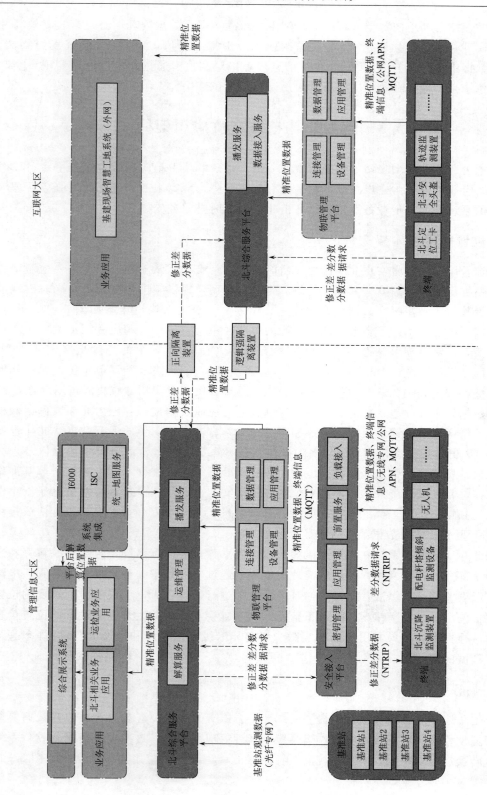

图 3 - 12　位置解算总体架构概览图

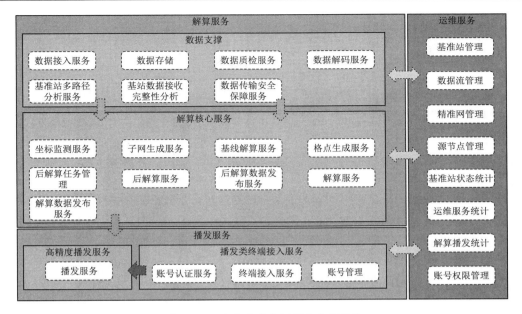

图 3-13　电力北斗位置服务应用架构

3.3.3　数据流向架构

数据架构基于应用架构,在应用系统落地到数据存储引擎过程中进行数据架构设计时,首先对应用架构中的各应用模块进行业务分析形成业务模型;其次,从中提取逻辑模型,进行数据模型的设计;然后从数据部署架构的角度进行数据架构的设计;最后从数据安全防护的角度进行数据安全设计。电力北斗位置服务数据架构如图 3-14 所示。平台数据总体分为基准站观测数据、业务系统集成数据、平台解算数据、平台播发数据、平台运维管理类数据等大类。其中平台解算数据中包括基准站坐标数据、基准站组网数据、格点数据、基准站解码数据、基准站观测数据、实时解算设备坐标数据、后解算设备坐标数据等;平台播发数据包括播发服务统计数据、差分数据、播发账号信息数据等;平台运维管理数据包括基准站台账数据、维护记录数据、基准站基础数据、播发账号数据、各类统计数据等。设备数据采用国秘(SM4)加密方式进行传输,将北斗设备接入的实时数据存储在时序库同时同步到业务数据库。外网终端数据通过逻辑强隔离装置写入内网业务数据库。

3.3.4　部署架构及安全防护

平台整体部署在管理信息大区与互联网大区(信息内网、信息外网),访问终端主要通过无线公网、VPN 专网方式访问。信息外网服务端与公网终端间信息交互主要由防火墙进行防护,信息内网服务端与信息外网服务端交互主要由正向隔离装置及逻辑强隔离装置进行防护,基准站数据通过信息内网从地市公司归集到省公司通过防火墙等防护设备接入省公司信息内网,内部其他系统与北斗卫星应用综合服务平台之间设置防火墙(等保二级域与三级域间防火墙),部署架构如图 3-15 所示。

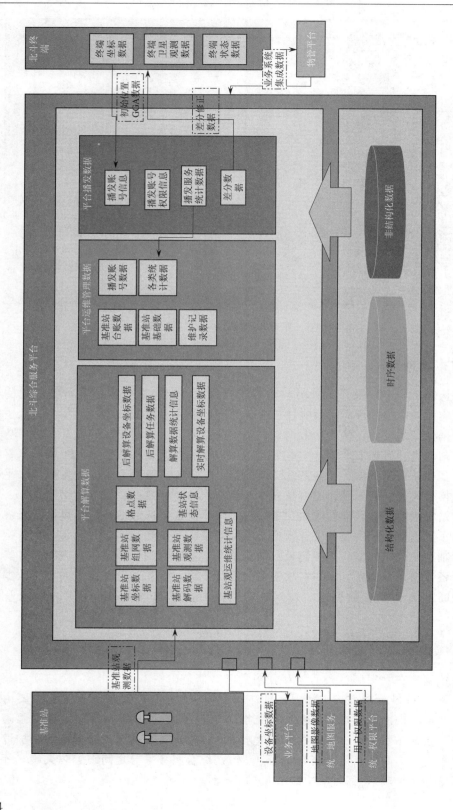

图 3－14　电力北斗位置服务数据架构

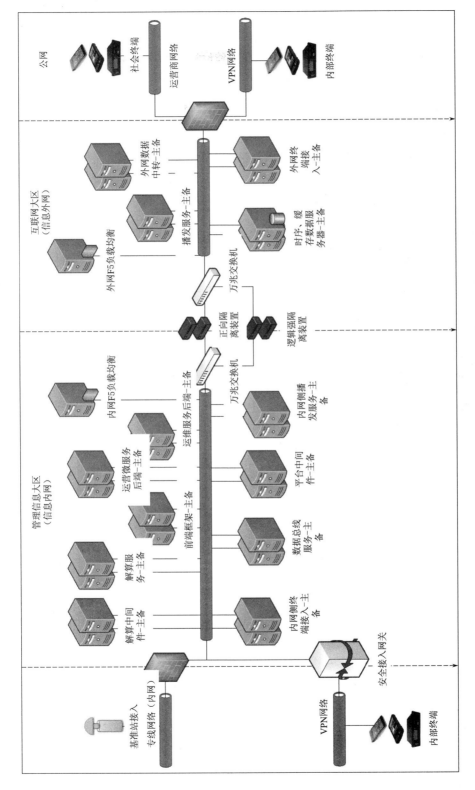

图 3-15 电力北斗位置服务部署架构

位置服务部分通过"基准站数据（信息内网）→解算服务（信息内网）→播发服务（信息外网）⇌北斗终端→终端接入服务（信息外网）→业务系统"。其中"基准站数据（信息内网）→解算服务（信息内网）→播发服务（信息外网）⇌北斗终端"阶段为北斗位置终端与播发服务交互计算出设备的精准位置。"位置终端→终端接入服务（信息外网）"支持4G 信号传输及 VPN 传输。"终端接入服务（信息外网）→业务系统"部分通过示范区省公司新建或已有网络通信的通道进行传输。

基准站数据信息通过"北斗卫星系统→地基基准站→北斗卫星综合服务平台"。其中"北斗卫星系统→地基基准站"阶段为无线传输，"地基基准站→北斗卫星综合服务平台"这一段为通过省内信息内网进行数据传输。基准站建设地点多为变电站等现有基础设施附近，故具体实现形式为：由基准站就近通过附近基础设施内的网络设备连入信息内网，各地市汇总至省公司进入信息内网。

在边界安全的基础上，针对终端设备，采样 SIM 卡、TF 卡及加密芯片的方式，确保端设备信息加密发送。在管理信息大区，通过接入第五区，确保服务的边界安全。互联网大区与管理信息大区采用逻辑强隔离装置和正向隔离装置进行信息安全加固。安全防护方案如图 3-16 所示。

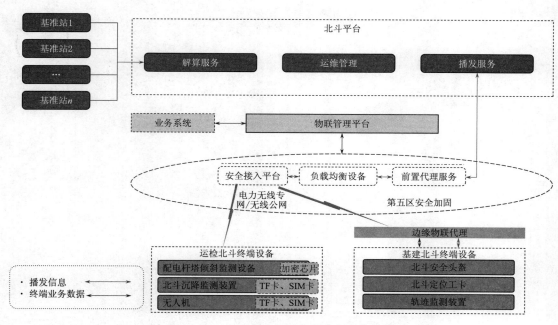

图 3-16　电力北斗位置定位安全防护方案

3.4　电力北斗时频服务应用架构

国家时频体系建设是保证国民经济安全运行的支撑，离开自主可靠的时频体系支撑，电力、交通、电信、金融、能源、科研等重要领域和行业都将无法安全运行。按照国家时频体系建设规划，国家将建立多家共同保持的、统一的标准时间守时体系，卫星和长波等无线授时、光纤地面网络有线相结合的授时体系。"十四五"期间,将重点开展陆基无线电授时、地面有线网络授时建设。

电力北斗时频网建设是落实国家 1558 项目中关于"建设电力北斗时频服务基础设施,为各类电力业务提供高精准的时频同步服务"要求的举措。频率同步网作为通信网络的支撑网络,为电力通信网提供频率服务,发挥了重要的作用。

随着电力系统规模不断扩大,大容量、超高压、远距离输电日益增多,系统结构也日趋复杂,变电站雷电定位、功角测量单元、行波测距等装置,对电力系统的自身时空基准需求就显得越来越迫切。而快速、准确分析和判断电网故障原因,对故障记录进行实时处理和事后处理等都离不开统一的标准时间。因此,随着我国电力供需状况和电力发展方式正在发生着深刻的变化,以智能化为特征的新技术,将全面提升电网的安全运行水平和供电保障能力。

3.4.1 电力通信频率网建设情况

公司通信频率同步网(以下简称频率同步网)作为通信网必不可少的组成部分,是为传输网和业务网提供高质量定时基准号、保证网络定时性能和网络同步运行的关键基础支撑网络。

近年来,频率同步网经过不断的整合、完善和优化,截至 2020 年,已初步建成骨干频率同步网和省内频率同步网两级部署的架构如图 3-17 所示。

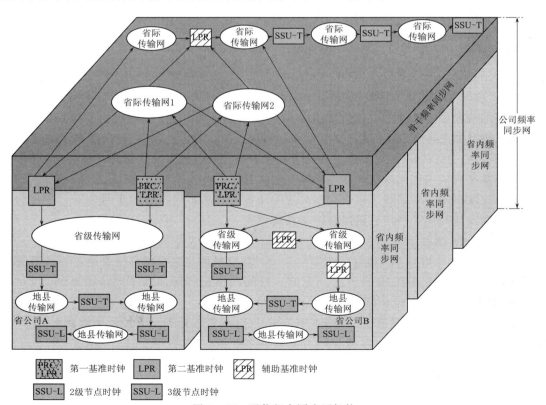

图 3-17 通信频率同步网架构

频率同步网采用骨干频率同步网和省内频率同步网两层架构，时钟节点采用三级等级结构，全网属于多个基准时钟控制的混合同步网。

骨干频率同步网采用两级等级结构，即一级节点（设置 1 级基准时钟 PRC/LPR）和二级节点（设置 2 级节点时钟 SSU - T）。

省内频率同步网采用三级等级结构，即一级节点（设置 1 级基准时钟 PRC/LPR），二级节点（设置 2 级节点时钟 SSU - T）和三级节点（设置 3 级节点时钟 SSU - L）。

全网设置的第一基准时钟 PRC/LPR 和第二基准时钟 LPR，既是公司骨干频率同步网的组成部分，也是省内频率同步网的组成部分。从公司骨干频率同步网和省内频率同步网实际构成来看，公司骨干频率同步网由基准时钟 PRC、区域基准时钟 LPR、2 级节点时钟 SSU - T 和公司省际传输网构成，省内频率同步网由基准时钟 PRC、区域基准时钟 LPR、2 级节点时钟 SSU - T 和 3 级节点时钟 SSU - L 以及省级传输网和地/县传输网等共同构成。

全网基准时钟 PRC 设备由铯原子钟、北斗/GPS 双星卫星授时接收单元和双铷钟 BITS 构成，铯原子钟单元为主用时钟源，作为同步网的根本保障。

区域基准时钟 LPR 设备由卫星授时接收单元和双铷钟 BITS 构成，其中卫星授时接收单元为北斗卫星授时接收单元和 GPS 卫星授时接收单元，并作为该设备的主用时钟源。

SSU - T 型设备一般由双铷钟 BITS 构成，SSU - L 型设备一般由双晶体钟 BITS 构成。

全网基准时钟和区域基准时钟设备的双铷钟 BITS 单元在锁定铯钟或者卫星授时接收单元时，其设备输出定时基准信号的频率准确度，对于大于 7 天的连续观察时间，应优于 $\pm 3 \times 10^{-12}$。

迄今为止，国家电网通过建设通信频率同步网来满足电力通信网对频率同步的需求。自从 2003 年开始建设国网骨干频率同步网以来，随着电网和电力通信网的不断发展，频率同步网的规模也不断增大。国家电网公司于 2014 年发布了《国家电网公司通信频率同步网建设指导意见》，提出构建"结构合理、维护方便、性能稳定、安全可靠"的公司通信频率同步网；于 2017 年发布了《国家电网公司通信频率同步网优化指导意见》，指导各单位做好频率同步网优化改造工作，明确了优化目标、优化原则和优化要点。但由于各同步区建设进度不统一，且缺少统一规划和统筹建设，目前各同步区同步网独立运行、传输网同步定时安排与同步网定时链路组织未能协调统一。

频率同步设备为 SDH 传输网提供频率同步信号，信号类型为 2Mbit/s、2MHz 和 STM - N 三种信号类型。其他通信支撑网系统，如交换网、数据网和网管网等，所需同步为时间同步信号，精度在 $10^{-6} \sim 10^{-3}$ 之间，时间同步信号可由频率同步设备的 NTP 或 PTP 时间同步信号输出板卡提供。

截至 2020 年年底，国家电网在全网范围内共建有 731 套节点时钟设备，其中 PRC 设备 21 套，LPR 设备 304 套，二级 SSU - T 设备 200 套，三级 SSU - L184 套。

3.4.2　电力时间同步网建设情况

电力系统中需要时间同步的设备/系统主要有分布在各级调度机构、变电站、换流站、开关站、发电厂中的保护和自动化设备，各类网管系统、计算机系统及基于计算机的信息系统（例如收费系统、管理信息系统（management information systems，MIS）等。其中，保护和自动化设备对时间精度要求为百毫秒及以上，而通信网管系统、计算机系统及基于计算机的信息系统等对时间精度的要求较低为百毫秒及以下。

目前，频率同步网虽然已经初具规模，还未提供高精度的时间服务，存在时间基准不统一、过于依赖卫星授时等问题。

时间基准建设方面，中国电力科学研究院已建成的基准时钟源由三个铯钟和三个氢钟构成，通过钟组软件调整钟组输出频率和相位，提升钟组整体性能。电科院标准时间系统溯源关系如图 3-18 所示。

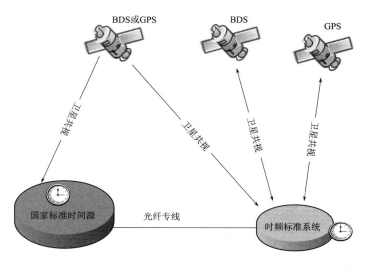

图 3-18　电科院标准时间系统溯源关系

时频基准由原子钟组单元、钟组比对单元、源选择控制单元、信号分配单元、远程比对单元、动环监控单元以及综合监测管理单元组成。时频基准框架如图 3-19 所示。

图 3-19 中，原子钟组单元、钟组比对单元、源选择控制单元、信号分配单元、远程比对单元和动环监控单元主要为硬件部分，综合监测管理单元主要为软件部分。

目前，发电厂或变电站独立配置一套（包含主备从）时间同步系统，单机容量300MW 及以上的发电厂、110kV 及以上变电站及有条件的场合采用主备式时间同步组网，通过主备时钟及扩展钟的组合，提高时间同步系统的可靠性。110kV 以下变电站配置单台主时钟系统，可靠性较低（相比主备式组网）。上述时钟设备均通过卫星授时，无地面时间溯源。

变电站同步时钟系统主时钟设在主控制楼内。发电厂同步时钟系统主时钟设在网络继电器室或者设在发电厂的单元机组电子设备间内。

时间同步系统在厂站中单独组屏，利于设备扩展和校验。同步时钟输出不同类型时间同步信号，端口都存在冗余，以满足不同使用场合的需要。当设备较集中且距离主时钟较远时可设从时钟，从时钟与主时钟通过光纤 B 码对时。

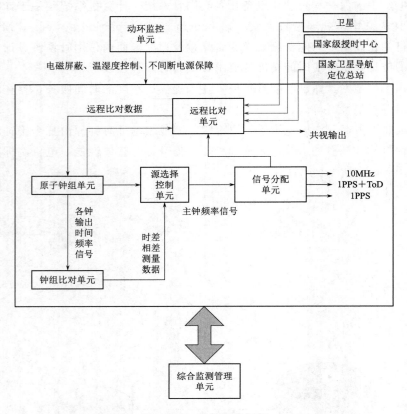

图 3-19　时频基准框架

时间同步系统有多种组成方式，其典型形式有基本式、主从式、主备式三种，目前国家电网公司主要使用的同步系统组成方式为主备式。

1. 基本式时间同步系统的组成

基本式时间同步系统由一台主时钟（即时间同步设备）和信号传输介质组成，用以为被授时设备或系统对时，如图 3-20 所示。根据需要和技术要求，主时钟可设接收上一级时间同步系统下发的有线时间基准信号的接口。

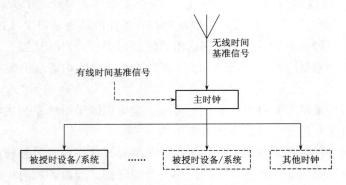

图 3-20　基本式时间同步系统的组成

2. 主从式时间同步系统的组成

主从式时间同步系统由一台主时钟、多台从时钟和信号传输介质组成，用以为被授时设备或系统对时，如图3-21所示。根据实际需要和技术要求，主时钟可设用以接收上一级时间同步系统下发的有线时间基准信号的接口。

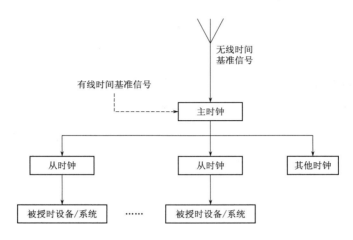

图3-21 主从式时间同步系统的组成

3. 主备式时间同步系统的组成

主备式时间同步系统由两台主时钟、多台从时钟和信号传输介质组成，为被授时设备或系统对时，如图3-22所示。根据实际需要和技术要求，主时钟可留有接口，用来接收上一级时间同步系统下发的有线时间基准信号。

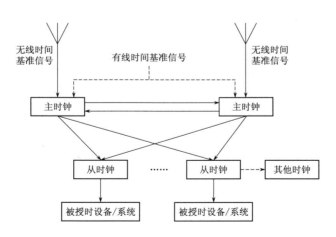

图3-22 主备式时间同步系统的组成

变电站内，GPS或北斗信号通过时间同步系统给被授时设备提供定时基准，授时拓扑图如图3-23所示。

NTP Server与网管、计费等通信业务相连，其中，网管包括传输网、交换网、数据网中各种通信设备的网管，网管利用 NTP Server 对时软件完成与 UTC 对时，网管通过收集传输网、交换网、数据网的设备时间，发出告警信息，来校准设备的时间。NTP Server 给电力通信专网与公网的计费交互提供定时基准，在各省公司均有一个运营中心，通过计费管理系统完成计费功能。未来，通信网也可利用运营商的基站以及以太网来承载业务的多样化，如电子商务、流媒体、WiMAX 等业务均需要高精度的时间同步。

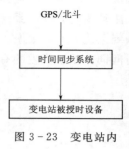

图 3-23　变电站内授时拓扑图

　　NTP Server 给通信网提供定时基准，通信网 NTP 服务器授时拓扑图如图 3-24 所示。

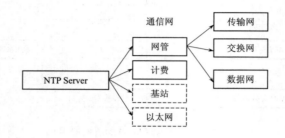

图 3-24　通信网 NTP 服务器授时拓扑图

　　在电力调度中心，为了保证电网的安全、优质和经济运行，可能同时运行多个应用系统，如能量管理系统（EMS）、电能量计量/计费系统、调度生产管理系统、配电管理系统（DMS）和电力市场技术支持系统等，每个系统中同时又包括了多个应用，如 EMS 包括 SCADA、AGC 等。因此为了保证电网的安全、优质、经济运行，电网调度管理信息化尤为重要，信息管理系统（IMS）涵盖的主要业务包括负荷管理、检修票管理、操作票管理、运行方式管理、继电保护定值单管理、自动化值班日志及业务数据的统计分析和报表等。通过对象管理有效整合新旧资源，克服原有系统各自独立、难于互通的弊端，统一业务模型，实现资源共享、信息共享，强化信息提供和反馈的及时性，实现业务流程和数据标准化，并利用数据加以分析，为调度运行提供准确有效的决策支持。

　　NTP Server 给调度中心提供定时基准，调度中心 NTP 服务器授时拓扑图如图 3-25 所示。

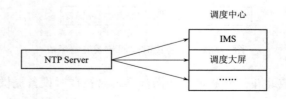

图 3-25　调度中心 NTP 服务器授时拓扑图

目前国家电网公司生产系统所用时间主要通过卫星授时获得标准时间，有的通过北斗授时同步到北京卫星导航中心建立的标准时间上，有的通过 GPS 同步到国际 UTC 上，实际上各不统一，而且有的因为校准的原因相差很大（微秒量级），有的通过地面光纤 E1 链路获取上级节点时间（因传输距离远导致精度较低，几十微秒量级）。这种现状使得各节点时间出现不统一，而且因国家电网无独立自主时间基准导致同步偏差随着时间推移会迅速拉大，从而造成整个电网时间同步的混乱。

3.4.3　基于北斗时频同步系统架构

时间同步采用三级构架，分布式、多点主从同步方式，其典型工作流程是按标准时间的建立与维持、时间频率的授时发播、时间频率的接收与应用三个步骤来完成，覆盖标准时间信号的产生、发播和应用三个完整环节。

1. 标准时间的产生流程

首先是标准时间的产生。作为 UTC 时间的复现，国家电网标准时间既要与国家标准时间保持一致，又要有自主的独立保持能力。因此标准时间选用基于铯原子钟的共视设备来复现标准时间，作为整个时频网的一级节点。基于铯原子钟的共视设备作为频率基准源，与溯源参考标准时间进行比对，根据比对结果驱驭本地基准时间的频率与相位，使最终产生的本地时间与溯源参考标准时间保持一致，输出 1PPS、10MHz、TOD、B 码等各类时频信号。溯源链路采用卫星共视方式实现，与中国电力科学研究院原子钟组保持的国家标准时间进行比对。标准时间（一级节点）架构如图 3-26 所示。

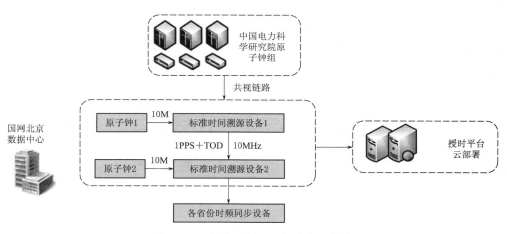

图 3-26　标准时间（一级节点）架构

2. 授时网络发播流程

省公司时频网为二级节点，借助信息综合数据网（信息 VPN）建立通信路由，向上实现与上级节点的溯源；向下实现对三级节点的授时，对省内业务提供授时、授频服务。此外，选取部分电力北斗基准站加装卫星共视模块和带卫星共视的北斗时间同步装置，实现逐级传递高精度时间。

3. 授时应用流程

各时间节点采用 PPS \ PPM \ PPH、TOD、B 码、NTP、PTP、DCF77、空节点输

出，为站内和附近区域提供高精度授时服务。

根据应用业务的不同，选择不同的授时接口进行对接。其中 PPS \ PPM \ PPH、TOD、B 码、DCF77、空节点等接口主要面向电力自动化相关业务，主要为站内连线方式，传输距离在 15～200m 范围，也可通过光纤进行拉远。NTP、PTP 为网络授时协议，可通过传输、交换网络进行传递，主要面向营销、通信网管、IMS、TMS 等通过网络连接的设备或系统。

4. 数据流向

电力北斗时频同步系统主要包含两类数据：授时信息、共视数据。其中授时信息采用单向传递的方式，遵循由上而下的分层同步传递原则：第一层从中国电科院原子钟组单向传递至国网北京数据中心；第二层从国网北京数据中心单向传递至各省公司；第三层从省公司单向传递至个区域节点（北斗基准站、地市节点、变电站等）。电力北斗时频同步网架构（规划）如图 3 - 27 所示。

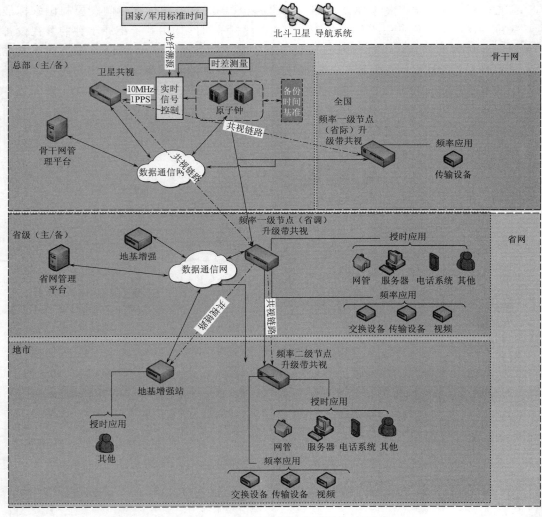

图 3 - 27　电力北斗时频同步网架构（规划）

共视数据采用双向交互的方式，上级节点向下级节点广播共视观测数据，下级节点同时也向上级节点传递共视观测数据。下级节点从接收到的共视数据中计算出调整偏差值并校准自身，上级节点从接收到的共视数据中监测下级节点的状态。

3.4.4 电力北斗时频应用架构

在内网可达的情况下以高精度时间同步协议（precision time protocol，PTP）作为主要的传递技术，在精度要求较高的场景（如高精度测试、计量），可以选择增加共视接收机的方式，直接从电力时间基准获得同步。结合已有和新建传输系统，通过 PTP over SDH、OTN 透传、MSTP 网络传递、光纤 PTP 直传、数据通信网等方式进行时间传递。此外，随着 5G 的建设推广，未来对于新增的物联网感知终端、移动式作业终端等，还可通过 5G 空口通信实现时间同步信号的传递。授时应用链路图如图 3-28 所示。

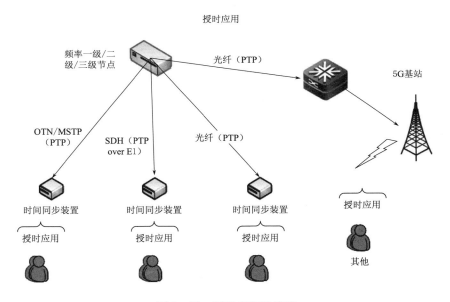

图 3-28　授时应用链路图

具体用时设备根据对时间同步精度不同的要求，大致分为以下 4 类：

（1）时间同步准确度不大于 $1\mu s$：包括线路行波故障测距装置、同步相量测量装置、雷电定位系统、电子式互感器的合并单元等，这些信号主要通过 B 码的方式直接从时间同步装置获取。

（2）时间同步准确度不大于 $1ms$：包括故障录波器、SOE 装置、电气测控单元、远程终端装置（RTU）、PMU、功角测量系统、保护测控一体化装置、事件顺序记录装置等一系列的装置，这些信号主要通过 B 码的方式直接从时间同步装置获取。

（3）时间同步准确度不大于 $10ms$：包括微机保护装置、安全自动装置、馈线终端装置（FTU）、变压器终端装置（TTU）、配电网自动化系统等，这些信号主要通过 NTP 的方式直接从时间同步装置获取。

（4）时间同步准确不大于 1s；包括电气设备在线状态检测终端装置或者是自动化记录、控制、调度中心数字显示时钟，火电厂以及水电厂、变电站计算机监控系统，监控与采集数据，EMS，继电保护以及保障信息管理系统主站，配电网自动化、调度管理信息系统等相关的管理系统，这些信号主要通过 NTP 的方式直接从时间同步装置获取。

3.5　电力北斗短报文通信应用架构

北斗系统的短报文通信，是指北斗地面终端和北斗卫星、北斗地面监控总站之间能够直接通过卫星信号进行双向的信息传递，通信以短报文（类似手机短信）为传输基本单位，是北斗卫星导航系统附带的一项功能特性，北斗的短报文功能在国防、民生和应急救援等领域，都具有很强的应用价值。特别是灾区移动通信中断，电力中断或移动通信无法覆盖北斗终端的情况下可以使用短消息进行通信，传输定位信息和遥感信息等。该技术将被用于紧急救援、野外作业、海上作业等场景。北斗短报文通信功能可在电网设备状态监测、应急救援、人员管控等领域广泛应用。

3.5.1　北斗短报文工作流程

北斗短报文分为区域短报文（RSMC）和全球短报文（GSMC），其中北斗系统利用 GEO 卫星，向我国及周边地区用户提供区域短报文通信服务。北斗系统利用 MEO 卫星，向位于地表及其以上 1000km 空间的特许用户提供全球短报文通信服务。区域短报文和全球短报文主要性能指标见表 3-1、表 3-2。

表 3-1　　　　　　　　　区域短报文（RSMC）服务主要性能指标

性　能　特　征		性　能　指　标
服务成功率		≥95％
服务频度		一般 1 次/30s，最高 1 次/s
响应时延		≤1s
终端发射功率		≤3W
服务容量	上行	1200 万次/h
	下行	600 万次/h
单次报文最大长度		14000bit（约相当于 1000 个汉字）
定位精度（95％）	RDSS	水平 20m，高程 20.00m
	广义 RDSS	水平 10m，高程 10.00m
双向授时精度（95％）		10ns
使用约束及说明		若用户相对卫星径向速度大于 1000km/h，需进行自适应多普勒补偿

表 3 - 2	全球短报文（GSMC）服务主要性能指标	
性 能 特 征	性 能 指 标	
服务成功率	≥95%	
响应时延	一般优于 1min	
终端发射功率	≤10W	
服务容量	上行	30 万次/h
	下行	20 万次/h
单次报文最大长度	560bit（约相当于 40 个汉字）	
使用约束及说明	用户需进行自适应多普勒补偿，且补偿后上行信号到达卫星频偏需小于 1000Hz	

一般的"北斗二号"用户机一次可传输 36 个汉字，申请核准的可以达到传送 120 个汉字或 240 个代码。"北斗三号"相较于"北斗二号"在带宽上有了质的飞跃。"北斗三号"区域短报文通信服务，服务容量提高到 1000 万次/h，单次通信能力 1000 汉字（14000bit）。同时，"北斗三号"短报文用户机的天线也有了很好提升，功耗下降了很多，"北斗三号"接收机发射功率降低到 1~3W，因此天线会小，功能模块也会小，北斗短报文产品将更容易普及应用。

短报文不仅可点对点双向通信，而且其提供的指挥端机可进行点对多点的广播传输，为各种平台应用提供了极大的便利。指挥端机收到用户机发来的短报文，通过串口与服务器连接并且以 Java 或其他语言编写的通信服务解析数据，通过短信网关可转发至普通手机，通过通信服务可实现普通手机向用户机发送短报文功能。北斗短报文通信流程如下：

（1）短报文发送方首先将包含接收方 ID 号和通信内容的通信申请信号加密后通过卫星转发入站。

（2）地面中心站接收到通信申请信号后，经脱密和再加密后加入持续广播的出站广播电文中，经卫星广播给用户。

（3）接收方用户机接收出站信号，解调解密出站电文，完成一次通信。

北斗短报文通信示意图如图 3 - 29 所示。

通信申请的用户机端通过北斗卫星与其他用户机建立通信申请的链接，类似互联网通信的链路层，只不过北斗通信是通过卫星无线互连的。"卫星 TCP/IP 传输技术"中定义的链路层不仅指整个系统的通信链接，而是在其基础上高了一个层次。北斗卫星通信的实际链路中并没有实现链路控制的功能，类似于互联网的物理层。可以类比，其数据丢失率类似于链路的差错率，通信频度类似于传播延迟，信息往返同样也存在信道的不对称性。根据需要，可以选择北斗通信申请的短报文有两种数据类型，一种是通常汉字通信采用的 ASCII 码方式，另一种为 BCD 码方式。

3.5.2 电力北斗短报文通信应用架构

总体来说，电力北斗短报文通信应用可分为两大类。

（1）监控/采集类应用。重点针对无人区、无公网信号地区状态监测装置、物联感知

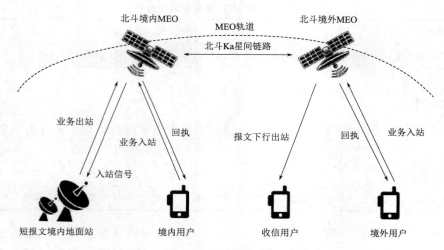

图 3 - 29　北斗短报文通信示意图

设备信息回传至内网监控系统，该方式下感知设备与北斗短报文数传终端（集成或外置）连接，通过北斗卫星将报文统一发送至远端北斗指挥机，再经过短报文解析后经过北斗网关、内外网隔离装置后传输至内网物联网管理平台或对应的业务应用系统，适用于用电信息采集、输电线路在线监测、小水电官调等单次数据量不超过 72 个字节的业务场景，在未来北斗三代短报文广泛应用后，还可实现图片数据、图谱类数据的远程回传。

（2）紧急求救、即时通信类应用。该场景主要适用于无人区输电线路巡视、应急抢险、紧急通知（一键求救）等业务场景，利用北斗终端设备实现现场和远端人员端对端通信。

电力北斗短报文通信应用架构如图 3 - 30 所示。

图 3 - 30　电力北斗短报文通信应用架构

第4章 北斗系统在电网的典型应用

北斗是我国着眼于国家安全和经济社会发展需要，自主建设、独立运行的卫星导航系统。国家电网公司积极响应国家号召，支持北斗导航系统在电力系统的应用，并明确了其在能源互联网企业的重要性。

北斗导航系统的优势包括精准定位、授时、短报文。电力行业充分发挥北斗系统的优势，在小水电盲调和电网信息监测等方面展开应用。本章将介绍北斗导航系统在电力系统应用的典型案例，为北斗的全面推广应用提供一些参考。

4.1 北斗短报文在电网中的典型应用

4.1.1 基于北斗的小水电盲调系统

4.1.1.1 小水电盲调系统设计

1. 需求分析

偏远地区的通信设施设备老旧，无综合自动化系统，无法远方监视和控制，导致电网调度人员不能实时准确掌握小水电站的运行情况，存在较大安全隐患。电网调度人员无法适时获取水电站信息、设备信息、箱变信息、升压站信息等电站运行信息，对发电电源、电网供电和用户用电三方实时情况无法进行及时地掌握，导致电力生产在"运行监视、负荷平衡、倒闸操作、事故处理"上不能有效运转。大量的小水电数据缺失，极大程度地降低了电网感知能力，不利于电网安全、稳定、经济运行。

四川电力公司选取雅安燕山一级水电站为示范点，通过安装北斗数据采集装置，利用北斗短报文首次将小水电的电压、电流、功率等基础信息传送至雅安地调 D5000 系统，解决了长期以来困扰调度的小水电盲调难题，实现小水电从"人工采集"到"系统准确实时采集"的转变。

2. 设计原理

根据应用需求，本系统由现场北斗装置和主站系统组成。现场北斗装置即终端子系统，完成信息的实时采集和发送。主站系统即接收子系统，完成信息的接收和处理。现场北斗装置和主站系统利用北斗卫星通信链路，实现与主站之间的数据透传。

（1）主要设备

1）现场北斗装置：主要包括在现场安装的集中器、现场终端（即北斗一体机）等。集中器通过 RJ45 接口与现场终端相连。现场北斗装置如图 4-1 所示。

2）通信信道：由现场北斗装置中的现场终端、北斗卫星系统链路以及主站侧北斗多卡机通道构成整体的数据通信信道。

图 4-1　现场北斗装置图

3）主站系统：主站系统包括北斗多卡机、北斗前置机、前置采集平台和调度系统。北斗多卡机接收卫星传输数据，并通过串口与北斗前置机连接，实现数据的接收，同时多卡机还用于主站指令下发；北斗前置机通过专网，将接收数据解析，并存储到服务器本地指定目录。

基于北斗的小水电盲调系统组成如图 4-2 所示。

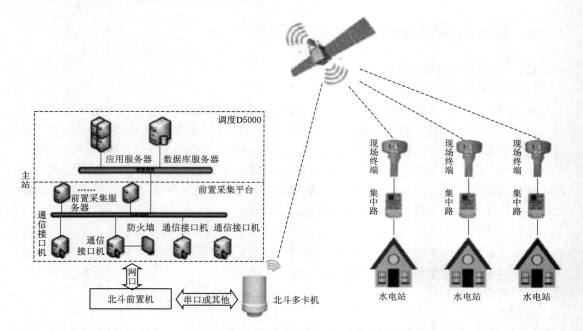

图 4-2　基于北斗的小水电盲调系统组成

（2）数据采集流程

1）现场北斗终端通过 RJ45 向集中器采集所需的电能表数据，并根据北斗一体机用户卡频度资源，通过长报文分包后逐条将采集到的数据发送到远端主站的北斗多卡机。

2）北斗前置机收到北斗多卡机接收的短报文后，对分包数据进行组包处理，并保存到北斗前置机服务器本地数据库。

3）北斗前置机服务器对报文进行解码处理，将"集中器逻辑地址＋测量点号＋数据项类型＋数据值"数据内容保存至文件后，由智能电网调度控制系统提取文件进行后续的处理。

4.1.1.2 小水电盲调系统应用

基于北斗的小水电盲调系统应用于雅安燕山一级水电站，将电站的电压、电流、功率等基础信息，通过北斗短报文传送至雅安地调 D5000 系统。

上网线路有功值采集情况如图 4-3 所示，上网线路电流值采集情况如图 4-4 所示。

图 4-3　上网线路有功值采集情况

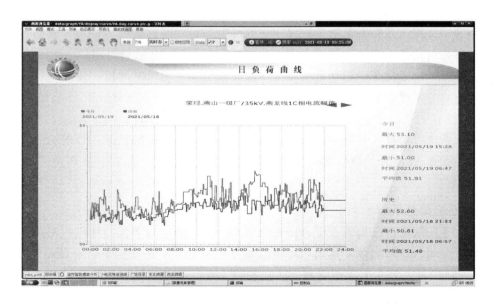

图 4-4　上网线路电流值采集情况

4.1.2　基于北斗的用电信息采集系统

4.1.2.1　用电信息采集系统设计

1. 需求分析

电网内部分需要实施配电、用电信息采集的终端站点地处偏远地区，距离电力专用通信网节点远，且站点分布过于分散。这些站点区域人口稀少，无线公网信号大多没有覆盖，即使覆盖了信号也很弱，无法满足配电、用电信息采集信号回传的通信需求。配电、用电信息等数据不能及时反馈或反馈时出现错误，造成大量工作人员往返处理，增加运营成本。

针对以上问题，设计基于北斗的用电信息采集系统。利用北斗系统短报文服务覆盖范围广、无信号盲区的特点，将其作为光纤网络和无线公网等传统通信方式的补充和应急，解决无公网覆盖地区电量采集需求。

2. 设计原理

基于北斗的用电信息采集系统包含现场终端和主站两个模块，模块通信采用北斗卫星系统和北斗前置机等。基于北斗的用电信息采集系统构成如图 4-5 所示。

现场终端模块包含北斗用采终端和电力采集设备。北斗用采终端由北斗天线以及转接设备组成，通过以太网与电力采集设备（集中器、专变终端）进行连接。电力采集设备的下行通信抄表采用载波或 RS-485 通信。电力采集设备冻结表数后存储于本地，再由北斗用采终端向电力采集设备逐条取出数据，数据经过处理封装为符合北斗短报文协议的格式后转发回主站。

主站端接入北斗通信前置设备，设备包括北斗移动指挥机、北斗多卡机和北斗前置机。北斗移动指挥机具备稳定收发功能，主要负责数据的并发接收；北斗多卡机具备较快的通信频度，负责主站端下发指令；北斗前置机负责运行前置软件，将北斗数据与电力用电数据进行相互转换，并处理数据入库，响应数据查询。

为了保证采集成功率，现场终端和主站之间利用北斗短报文通信，建立支持多次重传机制。由于北斗短报文数据长度的限制，将长报文分包、组包处理，但不会影响数据完整性。

此外，系统可设计远程维护功能，通过北斗指挥机的前置机软件，对现场的采集终端进行远程通信参数设置，简化偏远地区的设备维护工作，提高维护效率与长期运行稳定性。

4.1.2.2　用电信息采集系统应用

基于北斗的用电信息采集系统，已在青海、浙江、陕西、宁夏、甘肃、四川等省（自治区）展开应用。北斗短报文营销用电数据采集的现场设备情况如图 4-6 所示。

2020 年 11 月，该系统在四川无公网区域的"泗坪-双林 2 组公变"与"银厂沟花岗石矿山专变"两个台区进行实施，实现了对无公网地区进行用电信息采集与上报。这减少人工抄表带来的安全性问题，提高了监管能力，减低了线路与设备故障风险，同时电力采集

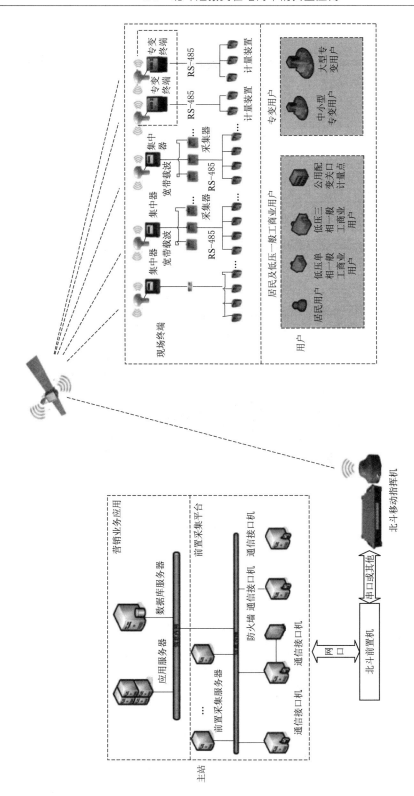

图 4 - 5 基于北斗的用电信息采集系统结构

图 4-6　北斗用电数据采集系统现场设备图

设备上线率有了显著提升。四川无公网地区用电信息采集与上报系统监控界面如图 4-7 所示。

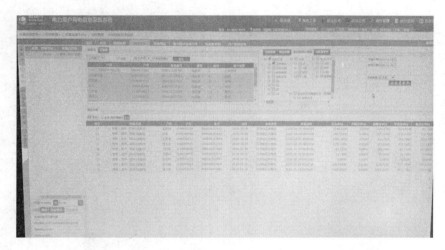

图 4-7　四川无公网地区用电信息采集与上报系统监控界面

　　从基于北斗的用电信息采集与上报系统的应用效果看（图 4-8），用采数据类型完整性提高。原有采用人工抄表的方式每月对台区的数据采集基本只有 1～2 次，且一般记录 1～4 项正向与反向的电能示值。应用北斗用采技术后，实现每日 68 项日冻结数据的回传，采集频率提高约 30 倍，采集数据项提高约 68 倍，用采主站监测的数据基本满足当

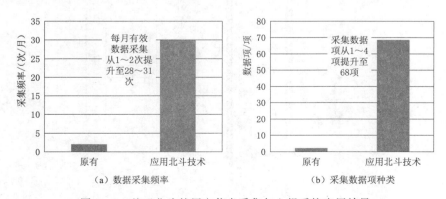

（a）数据采集频率　　　　　　　　（b）采集数据项种类

图 4-8　基于北斗的用电信息采集与上报系统应用效果

下的考核指标，回传数据也能够有效地反映存在问题或隐患。

4.1.3 基于北斗的营销移动作业系统

4.1.3.1 营销移动作业系统设计

1. 需求分析

山区的通信基站建设难度大，长期无信号，通信不畅，客户在使用网上国网 App、微信等充值时，下发数据不能及时下达，影响客户正常用电，致使客户到离家数公里外的营业厅充值，极不方便，也极易引发客户投诉。

针对以上问题，设计基于北斗的营销移动作业系统，包括移动作业终端、计量主站与北斗综合服务平台。

基于北斗综合服务平台在内网部署播发模块，由部署在内网的播发模块经由计量主站与移动作业终端建立通信，实现数据的实时传输。移动作业终端通过北斗高精度定位、北斗短报文、多功能图像拍摄、安全可信认证、设备自动识别系统、射频等技术手段，为营销现场数据更新采集提供一体化电网资源位置采集、照片图像采集、属性信息采集及拓扑关系信息采集服务。

2. 设计原理

基于北斗的营销移动作业系统，为实现营销业务功能，列举出如下设计目标：

（1）红外抄表，通过激光红外通信对电能表进行红外抄表，快速读取电表。

（2）现场制定勘查方案，在移动终端完成勘查方案制定，在线画电气接线拓扑图等。

（3）电子化表单，在移动终端完成信息核查及录入，将用户电子签名自动合成统一电子表单。

（4）远程派工，线上完成工单传递及接收，提高作业灵活性、便捷性。

（5）扫码录入，扫描设备资产编码，实现快速读取，减少差错概率。

（6）智能归档，对现场采集的资料进行智能归类归档，提高作业资料管理规范性。

（7）电子签名，用户可在移动终端手写输入，实现电子签名确认。

（8）在线审核，通过线上对合同进行审核等。

基于北斗的营销移动作业系统工作流程如图 4-9 所示。移动作业终端经由计量主站将概略位置信息回传到北斗综合服务平台。北斗综合服务平台部署架构图如图 4-10 所示，北斗综合服务平台将对应的差分解算数据经由播发系统传输到计量主站，进而再传输到移动作业终端，移动作业终端的差分解算模块实时解算出高精度的位置信息。

基于北斗的营销移动作业系统可同时利用北斗高精度定位为国网电力北斗综合服务平台提供位置服务，将定位精度提升至实时分米级别，大大增加了现场采集人员和设备的定位精度。

4.1.3.2 营销移动作业系统应用

基于北斗的营销移动作业系统的应用示意图如图 4-11 所示，其中营销采集背夹用于解决无公网区域或公网覆盖薄弱地区关键信息回传问题，且设计一键呼救功能。

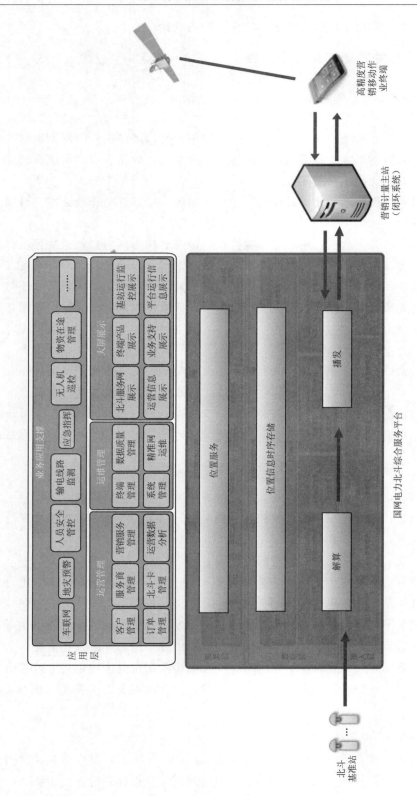

图 4-9 基于北斗的营销移动作业系统工作流程

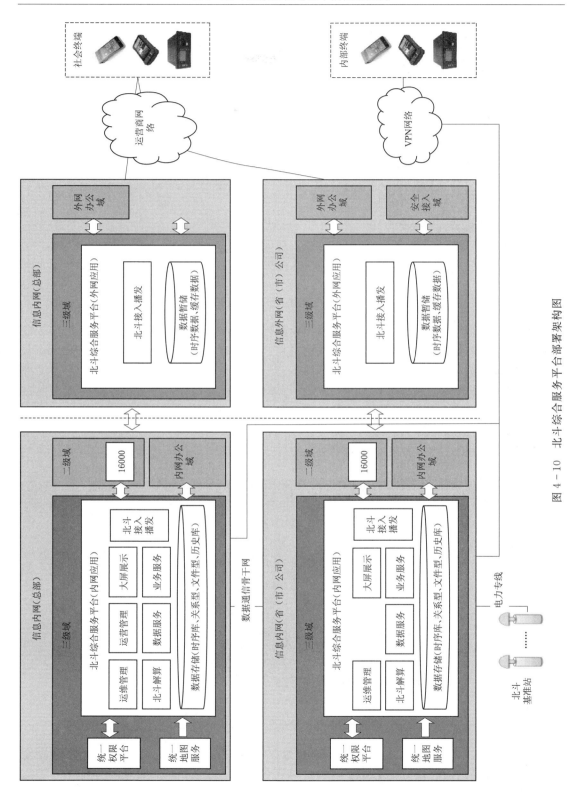

图 4 - 10 北斗综合服务平台部署架构图

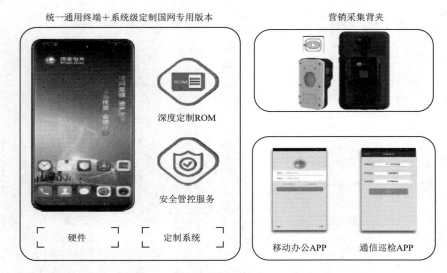

图 4-11　基于北斗的营销移动作业系统的应用示图

目前已将移动作业系统应用于四川电力营销现场作业。通过在营销移动作业终端加装北斗模块，利用北斗短报文服务，可查核用户档案，及时更新关键档案数据，提高无信号覆盖区域的移动作业效率。

移动作业终端场景展示如图 4-12 所示。移动作业终端操作界面如图 4-13 所示。移动作业终端结合现场北斗高精度定位功能，采集配电网设备的地理信息、种类、型号及状况，如杆塔、导线、拉线、避雷器、开关、刀闸、台变、环网柜、分支箱、电缆井沟、通道情况等基础数据，用以分析存在的安全隐患和缺陷。

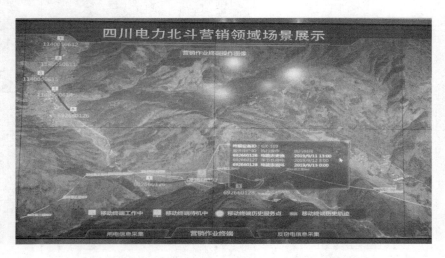

图 4-12　移动作业终端场景展示

基于北斗的营销移动作业系统具有基础地理信息数据精度高、电网资源属性数据全面、可巡视线路缺陷、可对接 PMS2.0 系统等优势，具有较强的推广价值。

图 4 - 13　移动作业终端操作界面

4.1.4　基于北斗的反窃电系统

4.1.4.1　反窃电系统设计

1. 需求分析

随着我国社会经济建设的快速发展，各行各业对电力的需求也显著增高，但在经济高速增长的背后，社会上窃电问题变得越来越突出。尤其是在山区配电台区用户窃电尤为猖獗，造成了较大的经济损失。近两年窃电呈现职业化、高科技化的发展趋势，基层用电检查人员对日新月异的窃电手段防不胜防，经常出现后台系统分析锁定窃电嫌疑用户，到现场却无法获取有效窃电证据，造成反窃电工作失败。传统反窃电工作工器具简陋，智能化程度低，只能通过"多对一"数据筛查或人工巡查的方式，耗费大量的人力物力，无法快速定位窃电点并固化窃电证据。

针对以上问题，设计基于北斗的专用反窃电系统，实现现场反窃查违检查的"位置＋时间＋数据"有效合一，解决一直困扰反窃电工作中的隐蔽型窃电、高科技窃电等现场查处和取证难的问题。

2. 设计原理

基于北斗的专用反窃电系统的总体设计要求包括数据同步采集、诊断分析、精准定位以及协同作业、过程控制、主动预警等。

系统整体架构可划分为设备层、网络层、平台服务层、平台应用层四层架构。客户现场安装反窃电智能诊断工具，通过电力载波、RS-485、NB-IOT、4G 等数据传输技术，获取电表实时数据、计量回路全数据、事件数据、曲线数据等信息，通过 NB-IOT、4G

等通信方式传输到云平台服务层，云平台对设备、网络进行统一管理，并建设云计算资源库，然后采用大数据技术开展数据挖掘，建设反窃电智能诊断模型，对客户的各种数据进行多方面、多维度的实时在线监测，并对其内在的关联性、逻辑关系进行深入挖掘和自主分析，从而自动筛选、定位疑似窃电用户或故障电表，并预估窃电量。反窃电工作完成后，进行总结分析，建立成效评价体系，为日后开展窃电形势动态预警提供支持。反窃电系统建设整体架构如图 4-14 所示。

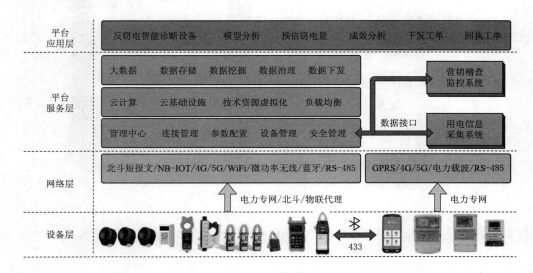

图 4-14　反窃电系统建设整体架构图

以反窃电降损服务项目的高损分支方案为例，其分段监测图如图 4-15 所示，以整条线路为监测对象，对其进行分段监测，通过数据分析判断出线路的高损分支所在。

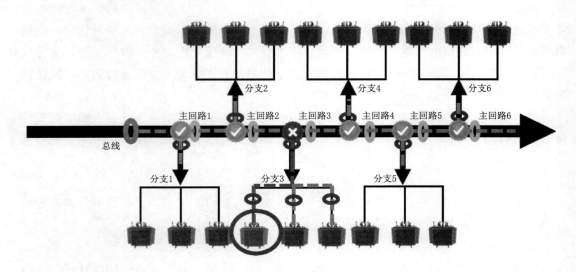

图 4-15　反窃电降损服务高损分支分段监测图

高损分支方案实施过程如下：

（1）在变电站出口处安装一套高压无线电流监测单元，在每一分支安装一套高压无线电流监测单元，将整条线路划分为几段，进行闭环监测并逐段分析。

（2）各点高压无线电流监测单元采集的一次负荷数据与二次侧表计负荷数据进行比对，用来分析在主干线上是否存在高损，如果有高损，先分析出在哪一段损耗高，最终确定此线路的高损分支。

（3）对所选高损分支进一步监测，找出重点嫌疑用户。对重点嫌疑用户安装用电远程稽查仪进行全方位监测，找出具体的窃电方法，并定位出窃电点。

4.1.4.2 反窃电系统应用

基于北斗的专用反窃电系统已在国网四川、河北、福建、冀北、山西、宁夏等公司部署应用。截至 2020 年 11 月 8 日，基于北斗的反窃电智能诊断装置已经在雅安市荥经县 10kV 小开线青华三队 2 号公变及高压台区、低压台区完成部署安装并投入实际运行。反窃电智能诊断装置现场设备图如图 4-16 所示。图 4-17 的反窃电展示图显示了反窃电系统的场景和监控界面。

图 4-16　反窃电智能诊断装置现场设备图

综上所述，基于北斗的专用反窃电系统利用北斗卫星系统的定位、授时功能，获取基于时间、地点的完整取证链条；通过大数据分析驱动反窃电业务由被动向主动转变，精准打击窃电违约用电，构建窃电态势感知及主动预警体系。

基于北斗的反窃电智能诊断方案对雅安市荥经县公司辖区内 10kV 高损线路及专变用户进行专项监测和治理，对用电异常用户进行 24h 全方位用电数据监测分析，可及时准确判断用户用电性质及窃电方式，对挽回因窃电造成的国有资产流失、减少能源和成本投入、降低 10kV 线路线损有显著的效果和推广价值。

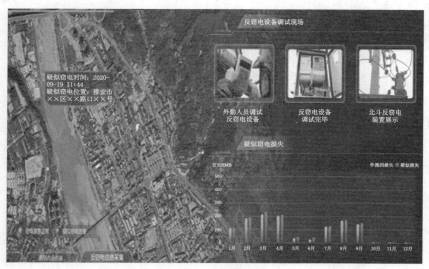

（a）北斗反窃电场景展示

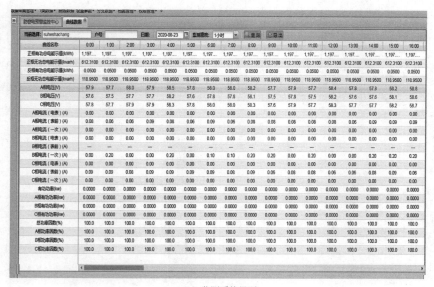

（b）监测系统界面

图 4-17　反窃电系统展示图

4.2　北斗授时在电网中的典型应用

4.2.1　基于北斗的变电站授时系统

4.2.1.1　变电站授时系统设计

1. 需求分析

随着智能电网的建设与发展，电力系统的时间同步应用不再局限于单一的设备和地域，而是向着实现跨区域的设备、系统和应用之间的时间同步和闭环管理等方向发展，并需要以可追溯、可监测等方式提供时间传递各个环节相应的信息和数据，但是，在厂站内部各系统之间、各厂站之间、厂网之间以及各调度主站之间等跨区域的时间同步系统存在导航系统不一致、时标误差大、设备水平差异大等情况，无法实现时间同步系统的时源追溯、状态监测和闭环管理等功能，影响电力系统的潮流断面、状态估计、广域向量同步、行波测距、故障重现和分析等应用；还将影响电力系统在大数据、人工智能等方面的数据采集、管理和分析工作。

针对以上问题，引入北斗卫星共视技术，以时间比对和渐进调节的方法，实现各分散布置的时间同步系统的跨区域可追溯的高精度时间同步；同时实现厂站时间同步系统的监测与闭环管理。北斗的精准授时功能能够保证时间准确度和可信度，满足电力系统在跨区域应用方面对时间断面和数据断面的需求。

2. 设计原理

基于北斗的变电站授时系统引入卫星共视技术，解决各个区域的时间同步问题，以保证区域间时标的精确度并提供时标溯源功能。

（1）时间同步系统。时间同步系统的设计方案有两种：一种为新安装主时钟，另一种为现有主时钟改造。

方案一：新安装主时钟。

以现有电网变电站时间同步方案为基础，在不改变现有时间同步系统的架构基础上，溯源至国家电网基准时间。以主从式时间同步系统为例，只需要将现有主时钟直接替换为具有共视功能的主时钟，直接同步至国家电网基准时间，新安装主时针的时间同步系统组成如图 4-18 所示。

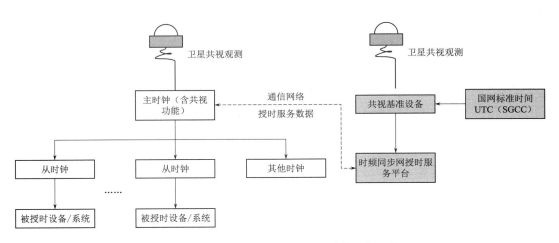

图 4-18 新安装主时钟的时间同步系统组成

具有共视功能的主时钟，能够通过卫星共视的方式，接入时频同步网授时服务平台，实时与国家电网基准时间进行比对，并通过通信链路交换比对数据，精确测量变电站当前时间与国家电网基准时间的时间偏差，并依据该偏差实时修正本地时钟，从而实现变电站主时钟与国家电网基准时间的同步。

　　该方案的优点是完全不改变目前变电站时间同步系统的组织架构，各类接口协议符合电网时间同步各项技术规范。

　　方案二：现有主时钟改造。

　　对于已有主时钟变电站，可以采用新增共视接入设备的方式，以有线时间基准信号的方式，接入国家电网基准时间。以主从式时间同步系统为例，现有主时钟改造的时间同步系统组成如图 4-19 所示。

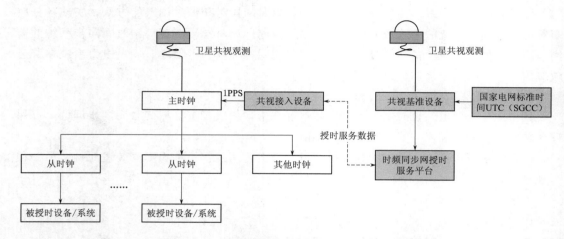

图 4-19　现有主时钟改造的时间同步系统组成

　　共视接入设备采用卫星共视的方法，通过时频同步网授时服务平台，同步至国家电网基准时间，并输出有线时间基准信号，提供给目前变电站主时钟，使主时钟优先有线时间基准信号，实现国家电网基准时间的接入。

　　该方案的优点是完全不改变目前变电站时间同步系统的组织架构，且变电站主时钟多一个时间同步冗余手段，即共视接入设备（接入国家电网基准时间）和北斗卫星授时（国家 UTC 时间）的双备份。

　　（2）授时系统。授时系统由地基增强接收机（共视型）、三级时钟、变电站时钟、多通道时间间隔计数器、时差监测计算机组成，组成结构图如图 4-20 所示。

　　地基增强接收机（共视型）、三级时钟、变电站时钟输出的 1PPS 信号分别接入多通道时间间隔计数器的不同测量接口，以地基增强接收机（共视型）输出的 1PPS 信号作为测量参考，多通道计数器可以测量三级时钟、变电站时钟输出的 1PPS 信号与地基增强接收机（共视）输出的 1PPS 信号的时差。时差监测计算机通过串口或网口与多通道时间间隔计数器相连，时差监测计算机上运行时差监测软件，将多通道计数器测量的时差数据采集并显示。

4.2.1.2　变电站授时系统应用

　　将参考时间信号、变电站时间信号和三级时钟装置时间信号同时接入多通道时间间隔计数器后，多通道计数器软件主界面如图 4-21 所示，多通道计数器软件数据分析和展现

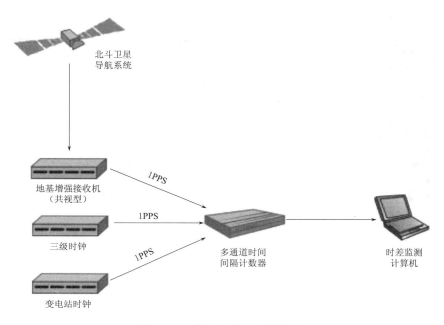

图 4 - 20　授时系统组成结构图

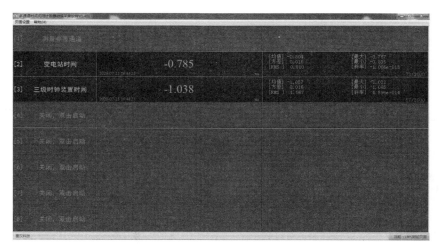

图 4 - 21　多通道计数器软件主界面

界面如图 4 - 22 所示。

该软件可以保存测量原始数据，可以进行线下更为详尽和具体的分析。

变电站与增强站时差数据分析结果如图 4 - 23 所示。其中：最大偏差值：－63.802ns，最小偏差值：－65.122ns，平均值：－64.508ns，标准方差：0.241ns。

三级时钟装置与增强站时差数据分析结果图 4 - 24 所示。其中：最大偏差值：－52.597ns，最小偏差值：－64.115ns，平均值：－53.338ns，标准方差：0.245ns。

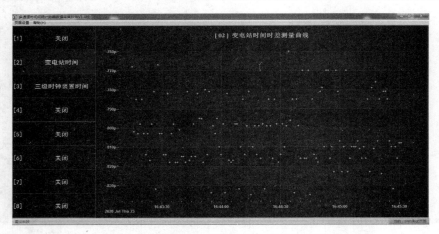

图 4-22　多通道计数器软件数据分析和展示

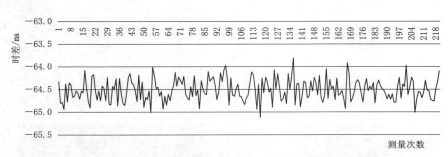

图 4-23　变电站与增强站时差数据分析结果

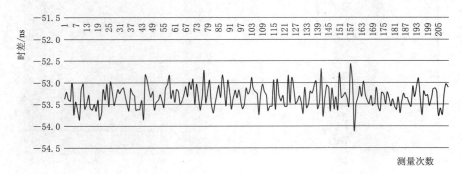

图 4-24　三级钟与增强站时差数据分析结果

4.2.2　基于北斗的线路故障检测系统

4.2.2.1　线路故障检测系统设计

1. 需求分析

配电线路故障监测和定位是配电自动化建设的重要组成部分。现有的配电架空线路故障监测方案，是通过 FTU 和故障指示器各自独立进行故障识别和定位。FTU 设备布设密度较低，故障位置只能定位到两台 FTU 之间的大致范围内，接地故障识别率低。发生故障后仍然需要依靠人工巡线的方式查找故障点，耗费大量的运维抢修时间，运维抢修效率慢。

针对以上问题，设计基于北斗技术的配电线路故障监测和定位建设系统。该系统将北斗卫星系统与配电网建设相结合，为配电设备赋予时空属性，实现高精度的授时和定位，提升配网系统的故障诊断、故障定位、故障隔离及非故障区域的快速自愈功能，有利于及时恢复非故障区段用户的供电，减少停电面积，缩短停电时间，提高配电网运行的可靠性，同时减轻运行人员的劳动强度，减少维护费用。

2. 设计原理

基于北斗技术的配电线路故障监测和定位建设系统主要由北斗卫星系统、北斗配电 FTU 授时定位终端和主站系统组成，典型路线设计如图 4-25 所示。以北斗卫星精准授时和定位服务为基础，将北斗技术与馈线自动化终端设备相结合，实现配电设备微秒级授时精度及米级定位服务。

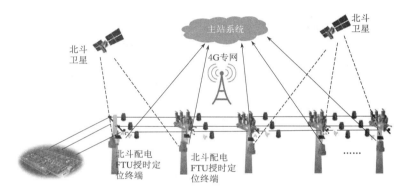

图 4-25　典型路线设计示意图

北斗配电 FTU 授时定位终端设备（图4-26）安装于实施线路中，配合配电自动化主站，实现故障精准定位；同时利用设备位置信息，缩小故障指示范围，迅速对故障线路进行故障隔离和复电，构建具有快速精准定位和自愈能力的系统。

北斗配电 FTU 授时定位终端设备集北斗的高精度授时、定位及短报文功能为一体。配电线路发生故障时，北斗 FTU 授时定位终端设备记录故障发生的精确时刻，提供精确的位置信息，并将故障信息发送给主站，以实现故障设备的定位。北斗 FTU 授时定位终端设备利用北斗短报文功能，进行如下数据传输：

图 4-26　北斗配电 FTU 授时定位终端设备

（1）采集发送交流电压、电流信息，支持越限上送。

（2）采集发送开关动作、操作闭锁、储能到位等状态量信息，状态变位优先传送。

（3）采集发送蓄电池电压等直流量信息。

4.2.2.2　线路故障检测系统应用

在四川雅安宝兴县 10kV 宝民线开展北斗线路故障定位中，采用 5 套带北斗定位与授时的 FTU，现场设备安装图如图 4-27 所示。该设备可实现配电线路故障的精准定位，迅速隔离故障区段，及时恢复非故障区段用户的供电，减少停电面积，缩短对用户的停电时间。故障定位时间从应用北斗前的 1～2h 变为 20～30min，故障恢复时间从应用北斗前的 3～4h 变为 2.5～3.5h。

图 4-27　现场设备安装图

基于北斗的线路故障检测系统可以实时监控配电线路的运行状况，正常状态下进行运行负荷监控，故障状态下实现故障快速定位和故障隔离，并将故障区段信息推送给运维人员，运维人员依据推送的精准位置信息，定位抢修位置，提升抢修效率，支撑配电网可靠运行。

4.3　北斗精准定位在电网中的典型应用

4.3.1　基于北斗的地质灾害监测系统

4.3.1.1　地质灾害监测系统设计

1. 需求分析

近年来，各地洪涝灾害频发。西南、西北地区崩塌、山体滑坡、泥石流等地质灾害多发频发。其中四川发生 1864 起，占全国地质灾害总数的 59%。受持续强降雨影响，当地居民住房以及交通、电力、通信等受损重。在电网建设、运行中因灾害导致倒杆断线风险较高,电网容灾能力不容乐观,亟需通过有效的监测手段,设置地灾观测点,对电力设施地质环境位移、沉降等状态进行高精度监测,及时告警,提升电网地灾隐患应急处置能力。

针对这一问题,采用基于北斗的地质灾害监测系统,可在地质不稳定区的杆塔附近部署北斗地质监测站,通过监测站接收卫星观测数据并发送至监测平台,通过平台的数据解算,实现对监测站位置毫米级的定位精度。

2. 设计原理

基于北斗的地质灾害监测系统包含北斗卫星定位系统、北斗基准站、地质灾害监测站、监控平台、处理平台和安全接入平台等,其结构图如图 4-28 所示。

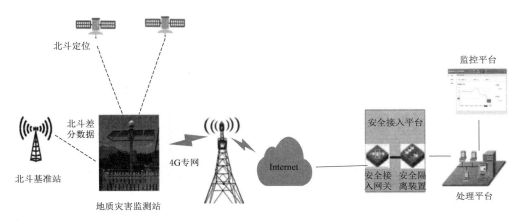

图 4-28　基于北斗的地质灾害监测系统结构图

北斗卫星定位系统和北斗基准站为地质灾害监测站提供观测数据;地质灾害监测站将观测数据经由通信专用网发送至安全接入平台;安全接入平台通过安全接入网关和安全隔离装置,将数据传送至处理平台;处理平台经过数据解算,实现对监测站位置毫米级的定位,还可通过预测算法实现对杆塔周边地质位移情况的预警,变"被动抢修"为"主动预防"。

地质灾害监测系统服务流程图如图 4-29 所示。地质灾害监测站与北斗基准站接收机连续接收全球卫星导航系统信号,并利用数据通信网络实时发送到北斗综合服务平台。通过北斗综合服务平台的 GNSS 数据后解算给出监测站三维坐标,与初始坐标进行对比而获得该监测站变化量,为地质灾害管理平台提供信息参考。

4.3.1.2　地质灾害监测系统应用

截至 2021 年年底,国网四川电力公司对所属管辖共完成安装地质灾害监测设备 124 台,对杆塔塔基进行了滑坡及沉降观测,效果明显。

2020 年 8 月 2 日,北斗地质灾害监测系统检测到四川 220kV 丹金一线、二线 46 号杆塔累计位移监测值为 118.4mm,第一时间发出一级红色告警,成功避免了一起杆塔事故。

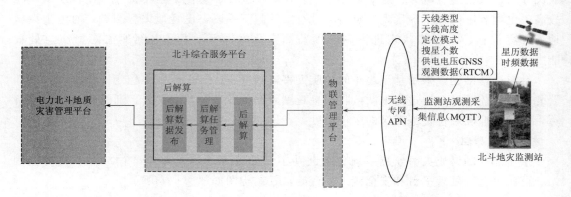

图 4 - 29　基于北斗的地质灾害监测系统服务流程图

2021 年 8 月 25 日，北斗地灾监测系统测到汉源 220kV 汉音二线 21 号杆塔发生 48mm 位移，平台监测到位移后，持续不断通过短信发送预警信息。电网公司立即组织检修人员实地勘察，并对该线路采取转负荷、停电措施，并进行杆塔加固，避免因地灾倒塔引起的电网安全事件，挽回直接经济损失 500 余万元。由于提前转负荷，也避免该线路在大暴雨时期发生故障大面积停电事件。基于北斗的地质灾害监测系统的应用效果如图 4 - 30 所示。

基于北斗的地质灾害监测系统能够及时准确地得到杆塔塔基变形信息，有效减少巡检人员的工作量，降低巡检成本，实现真实有效的防控解决措施，避免因未监测到杆塔变形而导致的经济损失。

4.3.2　北斗在杆塔倾斜监测中的应用

4.3.2.1　杆塔倾斜监测系统设计

1. 需求分析

电力杆塔是我国电力输送网络中必不可少的基础工程，输电线路杆塔往往建造在高山丛林等处，有时由于通道路径等原因，不可避免的将线路杆塔建在临近地质灾害隐患点附近。由于大风、洪水、地质灾害等外在环境的影响，以及施工质量不过关、地基不均匀和意外冲撞等原因，极有可能造成铁塔发生倾斜形变，对电网安全带来重大危险隐患。传统杆塔姿态监测主要靠人工携带测量器具定期巡检，工作量大、时效性差，近些年发展的采用倾角传感器监测杆塔，只能实现杆塔倾斜监测，无法对杆塔整体姿态进行整体掌控。

针对这一问题，采用基于北斗的杆塔倾斜监测系统，通过北斗精准位置服务网获取定位数据，并将杆塔姿态监测数据传输至平台，从而维护电网安全。

2. 设计原理

基于北斗卫星导航系统，在输电线路铁塔上安装输电杆塔三维姿态监测终端，采用单主机双天线定位技术，通过北斗精准位置服务网获取定位数据，将定位数据传输至平台，通过平台解算对杆塔双点高精度向量定位，实现对杆塔倾斜度、塔基沉降的全天候自动监

短信/彩信
9月14日 星期一

【国网思极位置】汉源220kV汉奋二线21号塔监测点
BDJC在2020-09-14 17:00:00发生了GNSS合位移(四
级蓝色告警)监测值为63.1059 mm,告警值为50.0000
mm

17:06

【国网思极位置】汉源220kV汉奋二线21号塔监测点
BDJC在2020-09-14 18:00:00发生了GNSS合位移(四
级蓝色告警)监测值为63.1400 mm,告警值为50.0000
mm

18:05

【国网思极位置】汉源220kV汉奋二线21号塔监测点
BDJC在2020-09-14 19:00:00发生了GNSS合位移(四
级蓝色告警)监测值为63.4247 mm,告警值为50.0000
mm

19:02

【国网思极位置】汉源220kV汉奋二线21号塔监测点
BDJC在2020-09-14 20:00:00发生了GNSS合位移(四
级蓝色告警)监测值为63.6307 mm,告警值为50.0000
mm

20:09

【国网思极位置】汉源220kV汉奋二线21号塔监测点
BDJC在2020-09-14 21:00:00发生了GNSS合位移(四
级蓝色告警)监测值为63.7146 mm,告警值为50.0000
mm

21:07

【国网思极位置】汉源220kV汉奋二线21号塔监测点

短信/彩信

（a）短信预警信息

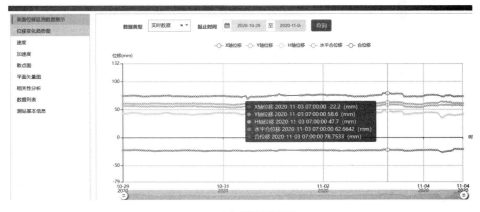

（b）现场信息

（c）监测系统界面

图 4-30 基于北斗的地质灾害监测系统的应用效果

测。杆塔倾斜监测系统框架如图 4-31 所示，杆塔倾斜监测系统设计示意图如图 4-32 所示。

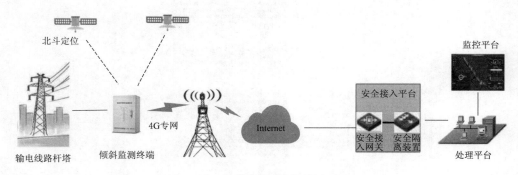

图 4-31　杆塔倾斜监测系统框架图

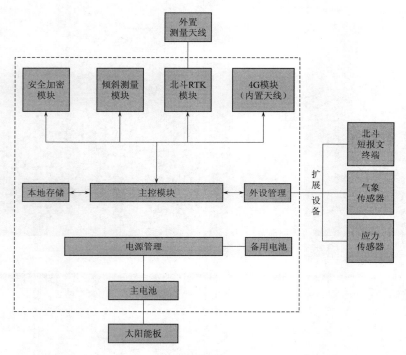

图 4-32　杆塔倾斜监测系统设计示意图

（1）主控模块。该模块是设备核心模块，选用 STM32 系列芯片，负责采集、处理和存储数据，并协调控制各输入输出模块。其基本工作流程是接收 GNSS 数据进行差分解算，获取高精度 RTK 定位结果，同时接收倾斜测量模块、气象传感器、应力传感器等回传数据，经过基于协议的数据解析、处理融合、状态分析等处理后，以约定内容和格式保持原始或处理后数据；并利用 4G 模块或北斗短报文终端将加密后的数据上报服务器。

（2）北斗 RTK 模块。该模块选用国产 GNSS 高精度定位模组，内置 RTD/RTK 算法，支持 BDS、GPS 和 GLONASS 三系统。该模组符合工业级使用标准，配合电力北斗精准服务网提供的差分服务，静态定位精度最高可达厘米级，具有高灵敏度、低功耗、抗干扰、高性能等特点，可应用于各种 IoT 物联网场景，提供高性能、合理成本的高精度定位解决方案。

（3）倾斜测量模块。该模块选用 SCA100T 系列传感器芯片，该芯片是基于 3D-MEMS 的高精度双轴倾角传感器芯片，提供了水平测量仪表级别的性能，可实现范围 $\pm30°$、分辨率 $0.0025°$ 的测量精度，在全温区可保持长期高稳定性，并具备静电场力进行自我检测、传感器故障检测和内存校验等多种自检功能，可完全满足本设备倾斜测量的功能和性能需求。

（4）4G 模块。该模块选用国产 4G IoT 模组，该模组是专为 M2M 和 IoT 领域而设计的 LTE Cat 4 无线通信模块，采用 LTE 3GPP Rel.11 LTE 技术，支持最大下行速率 150Mbit/s 和最大上行速率 50Mbit/s，能在 LTE-FDD、LTE-TDD、DC-HSPA+、WCDMA、EDGE 及 GPRS 等多种网络制式中进行数据通信。

（5）数据存储模块。该模块选用 SDIO 接口的 SD 卡，该卡是一种基于半导体快闪记忆器的新一代记忆设备，相比于单片机内部 Flash 和外接 Flash 芯片具有体积小、容量大、数据传输速度快、可热插拔等优良的特性。该卡是一体化固体介质，不需要额外的电源来保持其上记忆的信息，同时具有良好的防震和防冲击性能，可确保数据存储的可靠性。

以数据产生量最大的预警模式计算，传感器采样周期为 1min，所需存储的数据约为 1kb，系统运行时产生的日志约为 1.5kb/min，每月的数据量为 2.5kb×60min×24h×30 天≈105Mb，即便选配最小容量 SD 卡（1GB），也足以保存 9 个月本地数据。当数据量超过储存时长后，系统会自动循环覆盖以保障本地存储的正常工作。

（6）安全加密模块。该模块选用 SC1732Y 芯片，该芯片是一款内置 32 位 CPU、支持 SPI 接口、支持 SM1、SM2、SM3 国密算法的高级安全芯片，具有存储器数据加密和总线加扰机制，数据保存时间不低于 10 年，数据存储区擦写次数不低于 10 万次，符合国家电网公司的数据安全加密要求。

（7）应力传感器。该模块选用 YCVWS 系列应变计和振弦数据采集模块，单独机械密封、树脂胶封，防水性可靠；振弦传感器数据采集分辨率为 0.1Hz，采用标准 Modbus 协议 RS-485 串口数据输出，具有高抗干扰能力，适应长期运行。

（8）气象传感器。该模块选用一体化超声波六要素微气象传感器，该传感器可以监测温度、湿度、气压、风速、风向和降雨量，具有技术先进、集成度高、性能稳定等特点。

（9）北斗短报文终端。该终端是一款兼备北斗 RDSS、RNSS 和 GPS 定位能力的卫星导航定位通信设备，支持我国自主建设的北斗系统 RDSS 业务的 S、L 频点和 RNSS 业务的 B1 以及 GPS L1 频点，具有 10 个接收通道，能够实现基于北斗 RDSS 的快速定位、短报文通信、位置报告、精确授时等功能，适用于渔政管控、海洋救生、应急搜救、水文监测、公共安全、气象预报、救灾减灾等需要通过卫星进行数据采集与传输的应用领域。

4.3.2.2　杆塔倾斜监测系统应用

北斗杆塔倾斜监测设备利用北斗差分定位技术和优化的解算方法，能提供厘米级定位精度，结合高精度倾斜测量，可对被监测设施的绝对位置和相对形变进行测量，还可以扩展监测应力、气象等环境参数，通过 4G 或北斗短报文通信实时上报监测数据，搭配太阳能板和高密度电池，能高效稳定地完成重要设施的长期实时监测工作。

北斗卫星技术的应用可实现对输电线路杆塔倾斜度的实时高精度计算，一旦出现超出安全范围的倾斜值，第一时间发出告警信号，定位故障点，及时采取处理措施，提高输电线路安全和可靠性。有效地解决当前电力杆塔监测精度低、监测难度大、巡检周期长、监测时效性差、人力成本高等诸多问题。北斗杆塔三维姿态监测应用效果示意图如图 4 - 33 所示。

图 4 - 33　北斗杆塔三维姿态监测应用效果示意图

目前杆塔倾斜监测系统已在国网河北、四川省公司部署应用，实现对输电线路杆塔整体运行安全状态的实时监测。

4.3.3　北斗在变电站人员安全管控中的应用

4.3.3.1　变电站人员安全管控系统设计

1. 需求分析

变电站是电力传输的关键环节，变电站的变电工区是典型的高危工作区域，变电站内设备种类繁多，需人工核对现场工作范围，日常运维检修时，对作业人员的安全操作管理压力较大。传统运维人员管理主要依靠组织措施（现场勘察制度、工作票制度、工作许可制度、工作监护制度、工作间断、转移和终结制度）、技术措施（悬挂标示牌和装设遮栏）和人员的自觉性进行约束，无法完全消除违章作业引起的安全隐患。

基于北斗高精度定位的安全管控方案，以提高变电站智能化、自动化管控水平，提升变电站运维检修效率和巡检安全为主要目标，综合运用物联网、人工智能、北斗高精度定位技术，建设变电站人员安全管控系统，解决当前变电站运维业务中所面临的现场作业安全和人员到位管控难的痛点，大大提升变电站人员与设备安全保障水平。

2. 设计原理

基于北斗高精度定位的安全管控方案主要由终端部分和监控管理中心两大部分组成。终端主要包括可穿戴式北斗高精度定位终端等设备。监控管理中心包括负责数据接收和处理的后台服务器及监控客户端。

基于北斗高精度定位的安全管控系统采用北斗高精度一体化定位方法，通过统一的混合定位解算引擎实现室内外定位结果输出，结合一体化地图进行无缝衔接。其中，可穿戴式北斗高精度定位终端，包含超宽带载波（UWB）定位标签，可配合超宽带载波（UWB）室内定位基站，在室内等没有北斗卫星信号的地方提供定位数据，在室外可基于北斗基准站所提供的差分数据，实现综合优于30cm的定位精度。

安全管控系统图如图4-34所示。

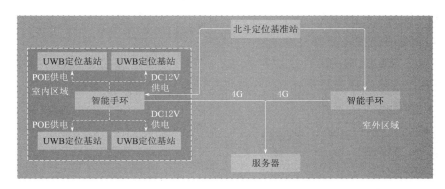

图4-34 安全管控系统图

图4-34中，北斗智能手环是基于先进的传感器（震动、心率等）以及运动静止模块、蓝牙模块设计的，为变电站室内外巡检人员提供实时的人员生命体征信息检测。可穿戴式北斗高精度定位终端可以和北斗智能手环等其他智能设备进行配对，进一步提高室内外巡检人员的安全保障。

安全管控系统利用北斗高精度定位将变电站运维人员位置实时掌控，在变电站运维检修情况下，通过远方监测，时刻提醒运维检修人员跨越电子围栏危险性，减少事故发生。

电子围栏示意图如图4-35所示，其作用是规避作业人员进入危险带电区，减少作业

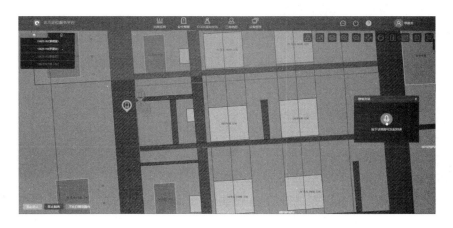

图4-35 电子围栏示意图

现场人员触电伤亡事故。首先管理人员在高精度的底图上虚拟划定安全电子围栏区域，并依据电力故障、电压等级、气象环境等着重标注危险电子围栏区域。其次，在外业人员佩戴终端中安装北斗卫星定位和移动通信模块，利用通信模块上传卫星坐标数据，实现对进出电子围栏区域的作业人员的安全管控和预警。当人员离开安全电子围栏区域或进入危险电子围栏区域时，系统会发出警告信息提示，要求人员返回至指定区域。通过该技术，可在电力作业中实时掌握作业区域内人员的数量、状态、位置及流量情况等信息，为人员调度和安全维护等提供智能指引。在试点实验过程中，该技术的告警平均响应时间不大于3s，可大大降低人员安全风险。

4.3.3.2　变电站人员安全管控系统应用

变电站人员安全管控系统已在国网河北、山东、江苏、湖北、湖南等省公司部署应用，实现变电巡检工作作业路径规划、作业过程精准管控、作业结束历史追踪，提高了作业人员工作效率和人身安全保障。

图 4-36　北斗高精度定位终端设备使用图

国网四川雅安 220kV 新棉变电站开展人员高精度定位应用，为 4 名工作人员各配置1台北斗高精度定位终端，实时监测人员位置信息。截至目前，雅安 220kV 新棉变电站共采集跨区作业次数 10 次。北斗高精度定位终端设备如图 4-36 所示。

将高精度北斗定位数据接入变电站业务系统中，可实时看到人员在变电站的运动轨迹，一旦作业人员跨越电子围栏进入危险区域，北斗高精度定位终端即刻发出声音和振动预警，提醒作业人员退出危险区域，实现作业区域的严格管控，提高变电站现场作业安全管理水平。定位管控系统展示效果如图 4-37 所示。

变电站人员安全管控系统基于北斗卫星导航技术，结合北斗地基增强系统，以变电站人员为管理对象，建设了一套集在线监测、区域预警及信息发布于一体的安全管控系统。

4.3.4　北斗在现场作业风险管控的应用

4.3.4.1　现场作业风险管控系统设计

1. 需求分析

国家电网公司一直将确保安全生产作为头等大事来抓，但当前的安全管理方式存在覆盖率低、时效性差、成效起伏不定、定位不精准、偏差较大等情况，特别是在输电线路等强电磁环境下，更容易发生误差，对安全距离的判定、自动实时报警技术的落地应用造成

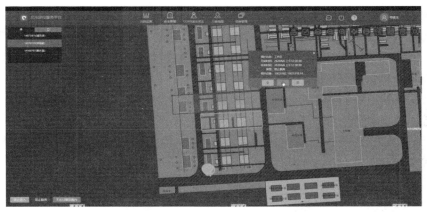

（a）位置信息

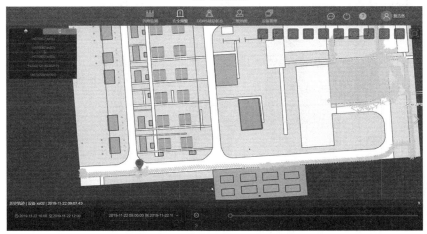

（b）运动轨迹

图 4-37　安全管控系统展示效果

一定阻碍。因各种因素导致人员误入带电间隔、与带电设备距离不够等风险依然存在，亟需先进的技术管控提升安全防范能力，降低人身伤亡风险。

基于北斗的现场作业风险管控系统，利用北斗卫星定位技术，设计便于现场人员佩戴的北斗头盔，可发送车辆定位信息的北斗车载终端，以及具备短报文通信功能的现场移动作业终端，可以在很大程度上保证现场线路检修工作的安全性、规范性、及时性。该系统可保障施工人员、电力资产的安全可靠，便于管理人员对人员、车辆、抢险物资进行实时监控、管理和指挥调度。同时，此类终端具有可拓展性，可以推广应用到各类抢险救灾场景中去，实现基于北斗技术的高可靠性抢险保证。

2. 设计原理

基于北斗的现场作业风险管控系统包括智能接地线、智能手环、北斗安全头盔、车载北斗终端和现场管控移动作业终端等模块，实时监控现场的人员、车辆以及环境等动态信息，同时将北斗短报文作为应急通信手段，保障现场应急通信手段完备。

（1）智能接地线。可监测便携式短路接地线是电力作业不可缺少的安全工具，对电力作业人员的人身安全起着极其重要的保障作用。智能接地线（图4-38）具备以下功能：

1）通过北斗定位技术、物联网技术、GIS可视化技术、RFID技术等信息化手段实现接地线全寿命周期的在线管理。

2）实现接地线实时监测与管理。对接地线的出入库、装设、拆除，接地刀闸的合闸、分闸状态等工作状态进行跟踪判断。

3）监测模块与接地线一体化设计，本身自带大容量锂电池，可以随处安装，工作时间长。当接地线状态变化时，自动唤醒向中心报告接地线工作状态。

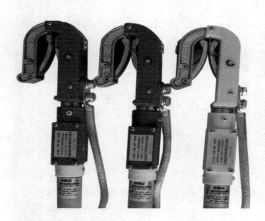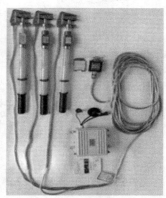

图4-38 智能接地线

（2）智能手环。该终端设备采用轻量级、可穿戴的形态，便于作业人员携行使用。当作业人员在变电站内作业时，通过该终端设备将高精度位置数据实时传输到系统平台中，根据这些位置数据，显示人员的实时位置。同时，终端设备还可以对作业人员的实时生命体征进行监测且具备一键触发SOS告警，进一步保证作业人员的安全。

智能手环具备以下功能：

1）实时定位。人员实时位置追踪以及施工人员、外来人员分类别、属性管理。

2）历史轨迹查询。选择一个或者多个人员进行某段时间内的轨迹查询和智能回放。

3）智能巡检。根据巡检人员作业区内活动轨迹和停留时间，判断巡检人员是否按照规定路线进行检修，是否按任务重要走到位，结合巡检内容和结果实时监测设备运行状态，并对巡检过程进行智能化作业质量评价。系统对巡检中定位数据、轨迹信息，可对发生的问题进行追溯查询。

4）电子围栏。对危险或者敏感区域在系统平台划定逻辑区域形成电子围栏，及时避免危险事故的发生。

5）人员考评。系统按照一定逻辑（位置、时间信息）生成有关报表，实现智能化的人员考勤。

（3）北斗安全头盔。适用于施工现场人员的实时定位监管。借助音视频传输功能，可实现现场人员和后端平台的工作协同。脱帽报警、SOS 报警、受冲击报警功能，可督促使用人员的规范佩戴使用，确保使用人员的人身安全。

北斗安全头盔具备以下功能：

1）定位功能。北斗平面定位精度不低于 5m，GNSS 定位功能可实现单点定位模式下水平精度优于 5m，垂直精度优于 10m。

2）通信功能。通过 4G 通信方式实现实时位置信息回传。

3）低电量预警功能。北斗安全头盔在电量低于 20％和 5％时，通过指示灯方式进行告警提示。

4）一键告警功能。通过 SOS 按键进行紧急求救。

5）跌落提醒功能。头盔出现垂直高度大于 1.6m 自由落体位移时，自动提醒警示。

（4）车载北斗终端。该终端内置北斗的定位模块，主要应用于施工现场安全管理中施工车辆的实时定位，定位精度为米级。解决无关施工车辆进入危险区域时未预警等问题，实时计算施工车辆的数量和位置是否符合要求，分析施工车辆的停放是否合理，并进行运动轨迹监测。

车载北斗终端具备以下功能：

1）状态指示。终端具备自检功能，通过信号灯明确表示终端当前主要状态。

2）定位。终端能提供实时的时间、经度、纬度、速度和方向、定位状态信息，可存储到终端内部，同时通过 4G 通信方式上传至平台。终端支持按平台指定的卫星定位模式定位，并能接收平台的定位请求进行定位信息上传，能按平台要求终止定位信息上传。能根据时间间隔定时上传定位信息。当车辆长时间停放时，终端进入静止模式，不上报位置信息。终端具备差分定位功能，差分定位功能可通过平台进行配置。终端具有卫星信息采集功能，能够存储或向平台上报北斗定位结果及卫星定位模块详细定位数据。

3）供电。终端具备自身供电和外接电源供电两种模式，预留外接电源供电接口。若终端自身供电工作时，工作时间：差分定位 8h；单点定位 16h。

4）通信。支持 4G 全网通通信和蓝牙通信。

（5）现场管控移动作业终端。该终端搭载 Android OS 的智能终端，具有北斗定位功能，定位精度为米级。同时具有 4G 通信功能和北斗短报文通信功能，可以在没有公网信号时实现应急通信。一般情况下，可以安装现场管控所需的各类 APP，发挥灵活多样的功能特性。采用手持方式使用。

现场管控移动作业终端具备以下功能：

1）通信功能。支持短报文、4G、WiFi、蓝牙通信。

2）定位功能。支持 BDS/GPS 双模定位，可选配 GLONASS、Galileo 等定位功能，支持差分定位，支持网络辅助定位功能。

3）一键告警。危险情况下实现告警信息回传。

4）支持温湿度测量。

5）其他：设备支持震动提示、光线传感器、气压传感器、加速传感器、电子罗盘、陀螺仪。

4.3.4.2　现场作业风险管控系统应用

基于北斗的现场作业风险管控系统已在北京、冀北、江苏、辽宁等公司进行了部署应用，智能手环计划在北京、冀北、山西、山东等公司部署应用，有效解决施工作业工程中，非工作人员误入危险区域、关键人员是否到岗到位等问题。

在国网四川雅安 110kV 名城线检修部署 5 个北斗安全头盔，1 部北斗车载终端，2 部现场管控移动作业终端。基于北斗的现场作业风险管控系统应用产品如图 4 - 39 所示。

图 4 - 39　基于北斗的现场作业风险管控系统应用产品

工作人员通过高精度定位设备，设立电子围栏，一旦作业人员进入危险区域，及时报警，切实提高检修现场的安全管理水平。基于北斗的现场作业风险管控系统电子围栏示意图如图 4 - 40 所示。

4.3.5　北斗在重点物资运输监控中的应用

4.3.5.1　重点物资运输监控系统设计

1. 需求分析

大多数电网建设项目分布在山区，离城区路程较远，交通较差，道路狭窄，弯道较多，同时可能叠加降雨和植被影响，GPRS 通信讯号衰减较快，弱信号、无信号地区较多。目前重点物资运输，采用 GPS 对设备运输位置定位，监控设备的运行轨迹。配置冲撞记录仪监测大型设备运输过程冲撞情况，记录运输和装卸过程中受冲击和振动情况，需查看仪器保存的冲撞记录数据，判定设备是否完好，未能实现设备运输全过程实时在线监控。

基于北斗的重点物资运输监控系统，通过安装物资运输监控终端，监测重点物资比如变压器运输过程中的冲击加速度、速度、倾角和氮气压力，确保变压器运输过程中器身不

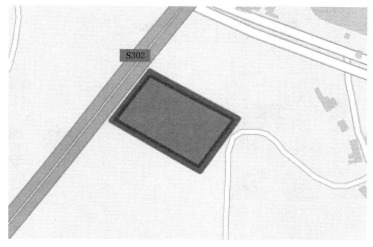

设备编号	人员姓名	身份证号	告警类型	处理状态	告警时间
0867431040080078	××	×××××	进围栏告警	已处理	2020-11-05 16:30:02

图 4-40 基于北斗的现场作业风险管控系统电子围栏示意图

会受潮和受到冲击而变形损坏,同时可以监测变压器运输轨迹,监视运输过程的状态。

2. 设计原理

基于北斗的重点物资运输监控终端利用北斗卫星定位技术、无线通信技术和物联感知技术的融合应用,进行位置定位和速度测量,同时监测设备的实时冲击力情况以及各方向角度倾斜等情况。终端通过 4G 网络将数据传输给电力物流平台(ELP),平台对运输全过程跟踪以及实时监测,为电力物资运输提供专业化、精准化、实时化保障。

重点物资运输监控终端主要应用于变压器、组合电器、电抗器等重点物资的运输监控过程,通过北斗模块和 IMU 传感器融合,可以更加精准、连续、实时监测所运设备的位置、速度等信息,通过氮气传感器监测所运设备的环境参数,终端通过编码形成报文,使用 4G 模块,按照预设的时间间隔,以 MQTT 协议发送到平台系统。同时,终端还可以通过 USB/蓝牙等方式,在线打印监测报告。基于北斗的重点物资运输监控系统结构图如图 4-41 所示。

4.3.5.2 重点物资运输监控系统应用

基于北斗的重点物资运输监控系统已在国网河北、四川省公司开展应用,在变压器、组合电器、电抗器等重点物资的运输监控过程,实时监测所运设备的运输参量、地理信息、环境参量等关键参数,快捷高效地及时掌握电力设备运输车辆及货物的安全运输状态信息。

2020 年 7 月 26 上午安装了北斗重点物资监测终端的设备由蓟县工厂发车,途经天津、

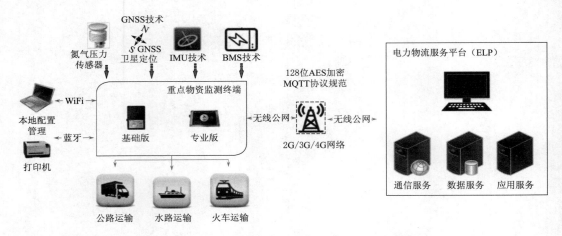

图 4-41　基于北斗的重点物资运输监控系统框架图

河北、山西、陕西、四川，于 2020 年 7 月 30 日顺利抵达项目工地。在运输途中北斗重点物资运输监测终端对 GIS 设备的运输速度、姿态、冲击力等进行了实时监测，保障了设备的运输安全，为工程顺利施工保驾护航。

该次重点物资监测任务是对 GIS 设备运输中的位置、速度、姿态、冲击加速度进行全天候、全方位监测。在途中共计发现预警数据 305 次，其中速度预警 70 次、姿态预警 73 次、冲击力预警 162 次。与厂家沟通以上数据均在安全范围内。重点物资监控终端在监测任务中运行稳定，数据实时性高，有效地保障了重点物资运输的监控需求和设备运输安全。

4.4　总 结 与 思 考

北斗系统信号已稳定覆盖我国境内，利用北斗传输通道作为公网通信盲区的可靠补充，实现电力数据的交互与智能采集。利用大量采集数据的反馈，可以实现小水电盲调、用电信息采集、营销移动作业和反窃电。

利用北斗短报文功能，实现小水电的数据采集，完成"人工采集"到"系统准确实时采集"的转变；实现配电、用电信息的在无公网地区的回传；代替高成本低效率工作方式，避免人工到达偏远地区进行抄表等；高效地发现并解决线损问题，覆盖线损长期未能治理的盲区，完善反窃电系统。

北斗的授时功能保证时间准确度和可信度，可满足电力系统在跨区域应用方面对时间断面和数据断面的需求，设计基于北斗的变电站授时系统和线路故障检测系统，提高电网运行可靠性。

利用北斗的精准定位功能，在地质灾害监测、塔杆倾斜角检测、变电站人员安全管控、现场作业风险管控、重点物资运输等领域，实现自动、连续、实时的监测数据回传，为提前进行抢险预备工作提供保障；同时，由于北斗的短报文传输特性，其十分适用于无公网地区传输相关信息，获得相应指令，可以建立低成本、高效益的灾害预警体系。

因此，北斗设备通信带宽充足，无额外通信费用，设备接收与上报短报文数量无限制，并且不额外占用电力系统的网络地址资源即可增设新设备，具有较强的推广价值。

附录 A～H 主要为第 2～4 章内相关公式推导、原理介绍的相关内容。附录 I 为缩略词。

参 考 文 献

[1] 中国卫星导航系统管理办公室 . 北斗卫星导航系统发展报告（4.0 版）[EB/OL]. http：//www. beidou. gov. cn/xt/gfxz/201912/P020191227337020425733. pdf.

[2] 苏雪梅 . 导航卫星发展概述 [J]. 科技经济导刊，2016（25）：81 - 82.

[3] 杨凤霞，张端明 . 北斗导航-高精度全球卫星定位系统 [M]. 石家庄：河北科学技术出版社，2020.

[4] 高贝贝，鲁同所，廖偲含 . 北斗导航系统的发展历程及应用研究 [J]. 赤峰学院学报，2021，37（4）：37 - 43.

[5] 王福军 . 浅析北斗卫星导航系统应用产业化发展 [J]. 中国设备工程，2021（11）：243 - 244.

[6] 中国卫星导航系统管理办公室 . 北斗卫星导航系统空间信号接口控制文件-国际搜救服务（1.0 版）[EB/OL]. http：//www. beidou. gov. cn/xt/gfxz/202008/P020200803362066799956. pdf.

[7] 中国卫星导航系统管理办公室 . 北斗卫星导航系统地基增强服务接口控制文件（1.0 版）[EB/OL]. http：//www. beidou. gov. cn/xt/gfxz/202008/P020200803362070320926. pdf.

[8] 中国卫星导航系统管理办公室 . 北斗卫星导航系统空间信号接口控制文件精密单点定位服务信号 PPP - B2b（1.0 版）[EB/OL]. http：//www. beidou. gov. cn/xt/gfxz/202008/P020200803362062482940. pdf.

[9] 曹冲 . 北斗与 GNSS 系统概论 [M]. 北京：电子工业出版社，2016.

[10] 袁树友 . 上曜星月-中国北斗 100 问 [M]. 北京：解放军出版社，2016.

[11] 中国卫星导航系统管理办公室 . 北斗卫星导航系统应用案例 [EB/OL]. http：//www. beidou. gov. cn/ xt/gfxz/201812/P020181227583462913294. pdf.

[12] 中国卫星导航系统管理办公室 . 北斗卫星导航系统空间信号接口控制文件公开服务信号 B1I（1.0 版）[EB/OL]. http：//www. beidou. gov. cn/xt/gfxz/201902/P020190227592987952674. pdf.

[13] 中国卫星导航系统管理办公室 . 北斗卫星导航系统空间信号接口控制文件公开服务信号 B3I（1.0 版）[EB/OL]. http：//www. beidou. gov. cn/xt/gfxz/201802/P020180209620480385743. pdf.

[14] 范录宏，皮亦鸣，李晋 . 北斗卫星导航原理与系统 [M]. 北京：电子工业出版社，2020.

[15] 鲁郁 . 北斗/GPS 双模软件接收机原理与实现技术 [M]. 北京：电子工业出版社，2016.

[16] 朱龙泉 . 高灵敏度北斗卫星导航接收机环路跟踪技术研究 [D]. 南京：南京航空航天大学，2016.

[17] 周建华，陈俊平，胡小工 . 北斗卫星导航系统原理及其应用 [M]. 北京：科学出版社，2020.

[18] 王博 . 卫星导航定位系统原理与应用 [M]. 北京：科学出版社，2018.

[19] 魏浩瀚，沈飞，桑文刚，等 . 北斗卫星导航系统原理与应用 [M]. 南京：东南大学出版社，2020.

[20] 田建波，陈刚 . 北斗导航定位技术及其应用 [M]. 武汉：中国地质大学出版社，2017.

[21] 许龙霞 . 基于共视原理的卫星授时方法 [D]. 西安：中国科学院国家授时中心，2012.

[22] 吴海涛，李变，武建锋，等 . 北斗授时技术及其应用 [M]. 北京：电子工业出版社，2016.

[23] 高群萌 . 基于 BDS/INS 融合的室内外定位关键技术研究 [D]. 北京：北京邮电大学，2017.

[24] 方勇 . 基于北斗/GPS 的多功能时统终端设计 [D]. 大连：大连理工大学 . 2018.

[25] 王文瑜 . 基于北斗卫星的授时系统研制 [D]. 北京：北京邮电大学，2008.

[26] 吴海涛，李孝辉，卢晓春等 . 卫星导航系统时间基础 [M]. 北京：科学出版社，2011.

[27] Li G，Guo S，Lv J，et al. Introduction to global short message communication service of BeiDou - 3

navigation satellite system [J]. Advances in Space Research，2021，67（5）：1701－1708.

[28]　刘晗．基于北斗全球卫星的短报文通信业务［C］//中国通信学会卫星通信委员会，中国宇航学会卫星应用专业委员会．第十五届卫星通信学术年会论文集，2019.

[29]　郭丹．北斗卫星短报文通信控制系统研究［D］.西安：西北大学，2015.

[30]　刘飞．基于北斗 RDSS 的 ADS－B 数据传输技术研究与实现［D］.广汉：中国民用航空飞行学院，2020.

附录 A 导 航 电 文

A1 导 航 电 文 纠 错 编 码

B1I、B3I 信号导航电文采取 BCH 码加交织的方式进行纠错编码。BCH 码长为 15bit，信息位为 11bit，纠错能力为 1bit，其生成多项式为：$g(x)=1+x+x^4$。输入编码器的导航电文数据按每 11bit 进行串并变换，然后进行 BCH(15,11,1) 纠错编码，每两个 BCH 码字，按 1bit 顺序进行并/串变换，组成长 30bit 的交织码，其生成方式如图 A-1 所示。

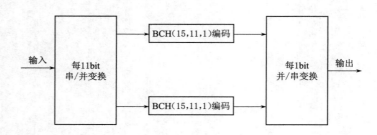

图 A-1 导航电文纠错编码示意图

导航电文 BCH(15,11,1) 编码框图如图 A-2 所示。初始状态下，4 级移位寄存器的状态为全 0，门 1 开，门 2 关。此时输入 11bit 信息组 X，一路经由逻辑或门电路直接输出，一路经逻辑门 1 进入循环移位寄存器，寄存器经过 11 次移位后保留的状态位即为校验位。最后门 1 关，门 2 开，再经过 4 次移位，将移位寄存器的校验位全部输出，与之前的 11bit 信息组成一个长为 15bit 的 BCH 码。此时寄存器内状态位全 0，将门 1 打开，门 2 关闭，送入下一个信息组重复上述过程。

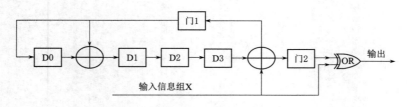

图 A-2 BCH(15,11,1) 编码框图

接收机接收到数据码信息后按每 1bit 顺序进行串/并变换恢复原始码字，再进行 BCH(15,11,1) 纠错译码，对交织部分按 11bit 顺序进行并/串变换，组成 22bit 信息码，其生成方式如图 A-3 所示。

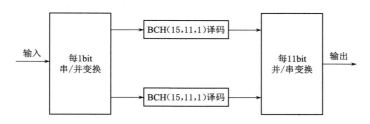

图 A-3 导航电文纠错译码示意图

BCH(15,11,1) 码译码框图如图 A-4 所示。初始状态下，移位寄存器状态为全 0，门 1 开，BCH 码组一路逐位输入到循环移位寄存器中，另一路直接输入 15 级纠错缓存器。当 15 位 BCH 码全部输入循环移位寄存器后，根据寄存器的状态 D3、D2、D1、D0 查表，可得到一组 15bit 纠错信号，再与 15 位 BCH 码进行模二加，即可得到纠错后的信息码组。纠错信号的 ROM 表见表 A-1。

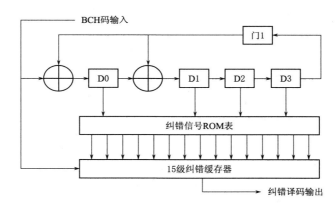

图 A-4 BCH(15,11,1) 译码框图

表 A-1 纠错信号的 ROM 表

$D_3 D_2 D_1 D_0$	15 位纠错信号
0000	000000000000000
0001	000000000000001
0010	000000000000010
0011	000000000010000
0100	000000000000100
0101	000000100000000
0110	000000000100000
0111	000010000000000

$D_3D_2D_1D_0$	15 位纠错信号
1000	000000000001000
1001	100000000000000
1010	000001000000000
1011	000000010000000
1100	000000001000000
1101	010000000000000
1110	000100000000000
1111	001000000000000

每两组 BCH(15,11,1) 码按比特交错方式组成 30bit 的交织码。交织码编码结构如图 A-5 所示。

X_1^1	X_2^1	X_1^2	X_2^2	⋯	X_1^{11}	X_2^{11}	P_1^1	P_2^1	P_1^2	P_2^2	P_1^3	P_2^3	P_1^4	P_2^4

图 A-5 交织码编码结构

其中，X_i^j 为信息位，i 表示第 i 组 BCH 码，其值为 1 或 2；j 表示第 i 组 BCH 码中的第 j 个信息位，其值为 1~11；P_i^m 为校验位，i 表示第 i 组 BCH 码，其值为 1 或 2；m 表示第 i 组 BCH 码中的第 m 个校验位，其值为 1~4。

附录 B 测 距 码

B1 B1I 信 号 测 距 码

B1I信号测距码（简称为 C_{B1I} 码）是长为 2046bit 的平衡 Gold 序列，速率为 2.046Mcps。C_{B1I} 码是由 m 序列组成的复合码，由两个码长相等的 m 序列通过模二加运算并截短最后一码片生成。其中两个 m 序列 $G1$、$G2$ 均由 11 级线性移位寄存器生成，其生成多项式分别为

$$G1(x)=1+x+x^7+x^8+x^9+x^{10}+x^{11} \tag{B-1}$$

$$G2(x)=1+x+x^2+x^3+x^4+x^5+x^8+x^9+x^{11} \tag{B-2}$$

$G1$、$G2$ 序列移位寄存器中初始值均为：01010101010，编码结构如图 B-1 所示。

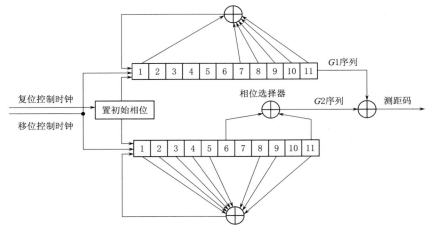

图 B-1 C_{B1I} 码发生器示意图

复位时钟控制初始相位，通过相位选择器控制抽头移动可实现 $G2$ 序列的相位偏移，再与 $G1$ 序列模二加后可生成不同卫星的测距码。$G2$ 序列相位分配见表 B-1。

表 B-1　　　　　　　　　　　　C_{B1I} 码的 $G2$ 序列相位分配

编 号	卫 星 类 型	测距码编号*	$G2$ 序列相位分配
1	GEO 卫星	1	1⊕3
2	GEO 卫星	2	1⊕4
3	GEO 卫星	3	1⊕5
4	GEO 卫星	4	1⊕6

编　号	卫星类型	测距码编号*	G2序列相位分配
5	GEO 卫星	5	1⊕8
6	MEO/IGSO 卫星	6	1⊕9
7	MEO/IGSO 卫星	7	1⊕10
8	MEO/IGSO 卫星	8	1⊕11
9	MEO/IGSO 卫星	9	2⊕7
10	MEO/IGSO 卫星	10	3⊕4
11	MEO/IGSO 卫星	11	3⊕5
12	MEO/IGSO 卫星	12	3⊕6
13	MEO/IGSO 卫星	13	3⊕8
14	MEO/IGSO 卫星	14	3⊕9
15	MEO/IGSO 卫星	15	3⊕10
16	MEO/IGSO 卫星	16	3⊕11
17	MEO/IGSO 卫星	17	4⊕5
18	MEO/IGSO 卫星	18	4⊕6
19	MEO/IGSO 卫星	19	4⊕8
20	MEO/IGSO 卫星	20	4⊕9
21	MEO/IGSO 卫星	21	4⊕10
22	MEO/IGSO 卫星	22	4⊕11
23	MEO/IGSO 卫星	23	5⊕6
24	MEO/IGSO 卫星	24	5⊕8
25	MEO/IGSO 卫星	25	5⊕9
26	MEO/IGSO 卫星	26	5⊕10
27	MEO/IGSO 卫星	27	5⊕11
28	MEO/IGSO 卫星	28	6⊕8
29	MEO/IGSO 卫星	29	6⊕9
30	MEO/IGSO 卫星	30	6⊕10
31	MEO/IGSO 卫星	31	6⊕11
32	MEO/IGSO 卫星	32	8⊕9
33	MEO/IGSO 卫星	33	8⊕10
34	MEO/IGSO 卫星	34	8⊕11

编　号	卫星类型	测距码编号*	G2序列相位分配
35	MEO/IGSO 卫星	35	$9\oplus10$
36	MEO/IGSO 卫星	36	$9\oplus11$
37	MEO/IGSO 卫星	37	$10\oplus11$
38	MEO/IGSO 卫星	38	$1\oplus2\oplus7$
39	MEO/IGSO 卫星	39	$1\oplus3\oplus4$
40	MEO/IGSO 卫星	40	$1\oplus3\oplus6$
41	MEO/IGSO 卫星	41	$1\oplus3\oplus8$
42	MEO/IGSO 卫星	42	$1\oplus3\oplus10$
43	MEO/IGSO 卫星	43	$1\oplus3\oplus11$
44	MEO/IGSO 卫星	44	$1\oplus4\oplus5$
45	MEO/IGSO 卫星	45	$1\oplus4\oplus9$
46	MEO/IGSO 卫星	46	$1\oplus5\oplus6$
47	MEO/IGSO 卫星	47	$1\oplus5\oplus8$
48	MEO/IGSO 卫星	48	$1\oplus5\oplus10$
49	MEO/IGSO 卫星	49	$1\oplus5\oplus11$
50	MEO/IGSO 卫星	50	$1\oplus6\oplus9$
51	MEO/IGSO 卫星	51	$1\oplus8\oplus9$
52	MEO/IGSO 卫星	52	$1\oplus9\oplus10$
53	MEO/IGSO 卫星	53	$1\oplus9\oplus11$
54	MEO/IGSO 卫星	54	$2\oplus3\oplus7$
55	MEO/IGSO 卫星	55	$2\oplus5\oplus7$
56	MEO/IGSO 卫星	56	$2\oplus7\oplus9$
57	MEO/IGSO 卫星	57	$3\oplus4\oplus5$
58	MEO/IGSO 卫星	58	$3\oplus4\oplus9$
59	GEO 卫星	59	$3\oplus5\oplus6$
60	GEO 卫星	60	$3\oplus5\oplus8$
61	GEO 卫星	61	$3\oplus5\oplus10$
62	GEO 卫星	62	$3\oplus5\oplus11$
63	GEO 卫星	63	$3\oplus6\oplus9$

* 卫星将优先使用 1～37 号测距码，以实现对已有接收机的后向兼容。

B2 B3I 信 号 测 距 码

B3I 信号测距码（简称为 C_{B3I} 码）的速率为 10.23Mcps，码长为 10230bit。C_{B3I} 码由两个线性序列 $G1$ 和 $G2$ 截短、模二加生成 Gold 码后再截短产生。$G1$ 和 $G2$ 序列均由 13 级线性移位寄存器生成，周期为 8191 码片，其生成多项式分别为

$$G_1(x) = 1 + x + x^3 + x^4 + x^{13} \tag{B-3}$$

$$G_2(x) = 1 + x + x^5 + x^6 + x^7 + x^9 + x^{10} + x^{12} + x^{13} \tag{B-4}$$

C_{B3I} 码发生器如图 B-2 所示。

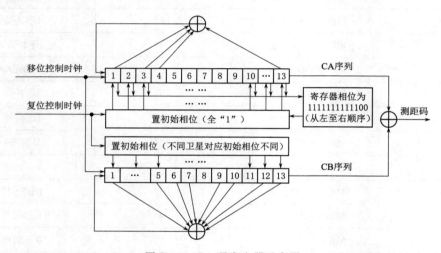

图 B-2 C_{B3I} 码发生器示意图

将 $G1$ 产生的码序列截短 1 码片，使其变成周期为 8190 码片的 CA 序列；$G2$ 产生周期为 8191 码片的 CB 序列。CA 序列与 CB 序列模二加，产生周期为 10230 码片的 C_{B3I} 码。

$G1$ 序列在每个测距码周期起始时刻或 $G1$ 序列寄存器相位为"1111111111100"时，将寄存器状态置为"1111111111111"。$G2$ 序列在每个测距码周期（1ms）起始时刻置初始相位。不同卫星的 $G2$ 序列初始相位不同，C_{B3I} 码的 $G2$ 序列相位分配见表 B-2。

表 B-2 　　　　　　　　　　　　　　　　C_{B3I} 码的 G2 序列相位分配

编 号	卫星类型	测距码编号[*]	G2 序列初相值[**]	G2 序列初始相位[***]
1	GEO 卫星	1	4	1010111111111
2	GEO 卫星	2	11	1111000101011
3	GEO 卫星	3	13	1011110001010
4	GEO 卫星	4	22	1111111111011
5	GEO 卫星	5	30	1100100011111
6	MEO/IGSO 卫星	6	36	1001001100100

编　号	卫星类型	测距码编号*	G2序列初相值**	G2序列初始相位***
7	MEO/IGSO 卫星	7	44	1111111010010
8	MEO/IGSO 卫星	8	48	1110111111101
9	MEO/IGSO 卫星	9	88	1010000000010
10	MEO/IGSO 卫星	10	104	0010000011011
11	MEO/IGSO 卫星	11	116	1110101110000
12	MEO/IGSO 卫星	12	129	0010110011110
13	MEO/IGSO 卫星	13	376	0110010010101
14	MEO/IGSO 卫星	14	418	0111000100110
15	MEO/IGSO 卫星	15	458	1000110001001
16	MEO/IGSO 卫星	16	682	1110001111100
17	MEO/IGSO 卫星	17	696	0010011000101
18	MEO/IGSO 卫星	18	707	0000011101100
19	MEO/IGSO 卫星	19	1078	1000101010111
20	MEO/IGSO 卫星	20	2069	0001011011110
21	MEO/IGSO 卫星	21	2248	0010000101101
22	MEO/IGSO 卫星	22	2574	0010110001010
23	MEO/IGSO 卫星	23	2596	0001011001111
24	MEO/IGSO 卫星	24	2731	0011001100010
25	MEO/IGSO 卫星	25	4294	0011101001000
26	MEO/IGSO 卫星	26	4436	0100100101001
27	MEO/IGSO 卫星	27	4647	1011011010011
28	MEO/IGSO 卫星	28	4978	1010111100010
29	MEO/IGSO 卫星	29	4986	0001011110101
30	MEO/IGSO 卫星	30	1	0111111111111
31	MEO/IGSO 卫星	31	5209	0110110001111
32	MEO/IGSO 卫星	32	5539	1010110001001
33	MEO/IGSO 卫星	33	6061	1001010101011
34	MEO/IGSO 卫星	34	6488	1100110100101
35	MEO/IGSO 卫星	35	7130	1101001011101
36	MEO/IGSO 卫星	36	7165	1111101110100

编　号	卫星类型	测距码编号*	G2序列初相值**	G2序列初始相位***
37	MEO/IGSO 卫星	37	7403	0010101100111
38	MEO/IGSO 卫星	38	5879	1110100010000
39	MEO/IGSO 卫星	39	1681	1101110010000
40	MEO/IGSO 卫星	40	5080	1101011001110
41	MEO/IGSO 卫星	41	5938	1000000110100
42	MEO/IGSO 卫星	42	3983	0101111011001
43	MEO/IGSO 卫星	43	6208	0110110111100
44	MEO/IGSO 卫星	44	7223	1101001110001
45	MEO/IGSO 卫星	45	2996	0011100100010
46	MEO/IGSO 卫星	46	1814	0101011000101
47	MEO/IGSO 卫星	47	6906	0101011000101
48	MEO/IGSO 卫星	48	6144	1001111100110
49	MEO/IGSO 卫星	49	4713	0000101001001
50	MEO/IGSO 卫星	50	7406	1000010101100
51	MEO/IGSO 卫星	51	7264	1111001001100
52	MEO/IGSO 卫星	52	1766	0100110001111
53	MEO/IGSO 卫星	53	5347	0000000011000
54	MEO/IGSO 卫星	54	3515	1000000000100
55	MEO/IGSO 卫星	55	7951	0011010100110
56	MEO/IGSO 卫星	56	7054	1011001000110
57	MEO/IGSO 卫星	57	3884	0111001111000
58	MEO/IGSO 卫星	58	6067	0010111001010
59	GEO 卫星	59	4230	1100111110110
60	GEO 卫星	60	3803	1001001000101
61	GEO 卫星	61	869	0111000100000
62	GEO 卫星	62	3683	0011001000010
63	GEO 卫星	63	1205	0010001001110

*　卫星将优先使用1～37号测距码，以实现对已有接收机的后向兼容。

**　初相值表示从全1状态至当前初始相位所需移位次数。

***　初始相位序列按从左至右顺序。

附录C 四种北斗信号捕获算法

C1 串行搜索捕获算法

串行搜索捕获算法的基本原理是对所有可能的码相位和载波频率进行二维空间上的循环遍历，直到找到最大相关峰值的信号。串行搜索捕获算法原理如图C-1所示。

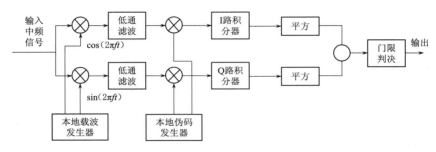

图 C-1 串行搜索捕获算法原理图

（1）当接收机收到经下变频处理后的北斗中频信号后，首先由本地载波发生器产生相互正交的两个本地载波信号，分别为同相分量 $\cos(2\pi ft)$ 和正交分量 $\sin(2\pi ft)$，再把接收机得到的信号分别与两个本地载波分量相乘，得到 I 路（实部）和 Q 路（虚部）信号分量。

（2）将步骤（1）所得分量经过低通滤波后，再与本地伪码发生器生成的本地伪码进行内积运算，进一步分别对I路和Q路信号分量内积运算的结果求平方，最后相加合并。

（3）将步骤（2）所得能量值与判决门限进行比较，如果超过门限值则判定为捕获成功，并把本地产生的伪码相位和载波频率参数传输至跟踪处理单元。

（4）若步骤（2）中所得能量值小于判决门限，则增加本地伪码相位步长，再次执行步骤（1）～步骤（3）。如此循环，直到伪码相位全部被搜索完毕。

（5）当前载波频率的伪码相位被搜索完毕后，如果还未捕获成功，则增加本地载波频率步长，再次执行步骤（1）～步骤（4），如此循环。如果所有合法载波频率和伪码相位已搜索完毕，仍没有产生超过判决门限的相关能量峰值，则视为捕获失败。

相关能量峰值可表示为

$$R^2[m] = \sum_{j=1}^{K-1} \left\{ \left[\sum_{n=jNL}^{(j+1)NL-1} x[n]C[n+m]\cos(2\pi fn) \right]^2 \right.$$
$$\left. + \left[\sum_{n=jNL}^{(j+1)NL-1} x[n]C[n+m]\sin(2\pi fn) \right]^2 \right\} \tag{C-1}$$

其中 $x[n]$ ——输入中频信号；

115

n——为采样点的序号；

m——本地伪码 $C[n]$ 的相位偏移；

f——本地载波的频率；

L——一个伪码周期内的采样点数；

N——一次相关计算中所使用数据的长度；

K——相关运算次数；

$R^2[m]$——相关运算的结果。

串行捕获算法具有结构简单，硬件容易实现的优点，但需要对所有可能的载波频率和码相位进行循环遍历，故其计算复杂度较高，实时性较差。

C2 并行搜索捕获算法

基于串行搜索捕获算法，在一步同时搜索多个不同步长数据的算法称为并行搜索捕获算法。并行搜索捕获算法可分为并行时域搜索和并行频域搜索，并行时域搜索是指固定载波频率时，能够同时搜索多个不同的相位，而并行频域搜索则是在一个码相位上同时搜索所有可能的载波频率。并行搜索捕获算法与串行搜索捕获算法的主要区别是在并行搜索捕获算法的相关运算内能够同时执行 N 次相关，再把 N 次相关所得最大值与判决门限比较，因此并行搜索捕获算法效率是串行搜索捕获算法的 N 倍，但同时需要 N 个相关器并联，导致硬件成本太高，不适用于伪码较长的信号。

并行频域搜索通常采用快速傅里叶变换（fast fourier transform，FFT）来处理捕获过程中的大量相关运算，将频率上的遍历搜索转化为并行运算，而码相位域仍需要逐次搜索。例如，当频率搜索步长为 500Hz 时，动态接收机需要对每个北斗卫星信号进行 41 次频率搜索，当相位搜索步长为 1 码元时，需要进行 2046 次相位搜索。因此，并行频域搜索只是将 41 次的载波搜索量减小为 1 次，而其余 2046 次码相位搜索量则保持不变。并行频域搜索算法原理图如图 C-2 所示。

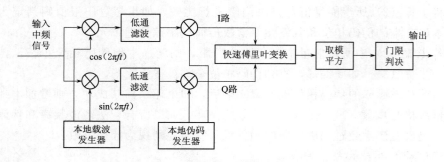

图 C-2 并行频域搜索算法原理图

（1）当接收机收到经下变频处理后的北斗中频信号后，首先由本地载波发生器产生相互正交的两个本地载波信号，分别为同相分量 $\cos(2\pi ft)$ 和正交分量 $\sin(2\pi ft)$，再把接收机得到的信号分别与两个本地载波分量相乘，得到 I 路（实部）和 Q 路（虚部）信号分量。

（2）将步骤（1）所得分量分别经过低通滤波后，再与本地伪码发生器生成的本地伪码进行内积运算，得到新的 I 路（实部）和 Q 路（虚部）信号分量。

（3）将步骤（2）所得 I 路和 Q 路信号分量组成复信号后进行快速傅里叶变换。

（4）对步骤（3）中得到的结果取模平方后，找到最大峰值并对其进行门限判决；若大于判决门限则捕获成功，若峰值小于判决门限，将本地伪码相位移位，再循环步骤（1）～步骤（4）。

并行时域搜索采用相位并行处理的方式，能够将并行频域搜索算法的 2046 次搜索量减小为 41 次，具有更快的捕获速度。并行时域搜索通常利用匹配滤波器原理进行实现，匹配滤波器具有其传递函数与输入信号的频谱相一致的特点，即改变输入信号，则匹配滤波器的传递函数也会改变，直到适应新的信号频谱。通常，匹配滤波器捕获原理如图 C-3 所示。

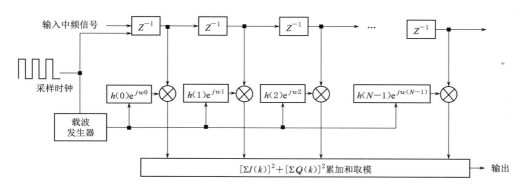

图 C-3　匹配滤波器捕获原理图

（1）首先本地载波发生器生成相互正交的两个本地载波信号，分别为 I 路和 Q 路分量，将其分别与伪码采样值相乘作为匹配滤波器的系数。

（2）当接收机收到经下变频和降采样处理后的北斗中频信号后，将中频信号经过匹配滤波器进行处理，并在每一个采样时钟输出一个相关运算结果。

（3）对步骤（2）中得到的所有结果进行累加、平方和取模后，再把得到的结果进行门限判决。若大于判决门限则捕获成功，若峰值小于判决门限，调整载波发生器的本地载波的频率值，再次执行步骤（1）～（3），如此循环，直到输出最大相关峰值。

其中，$h(0)e^{jw0}$、$h(1)e^{jw1}$、$\cdots$、$h(N-1)e^{jw(N-1)}$ 为匹配滤波器的系数，$h(0)$、$h(1)$、$\cdots$、$h(N-1)$ 为伪码采样点的逆序排列，N 为一个伪码周期内的采样点数，e^{jw0}、e^{jw1}、$\cdots$、$e^{jw(N-1)}$ 为载波频率参数，$C(N-1)$、$C(N-2)$、$\cdots$、$C(0)$ 为对应载波频率相关运算的伪码值，$s(n)$ 为输入的采样信号，因此滤波器输出可表示为

$$f_{\text{out}}(i) = \sum_{k=0}^{N-1} s(i-k)h(k) = \sum_{k=0}^{N-1} s(i-k)C(N-1-k) \tag{C-2}$$

可以看出，匹配滤波器的输出实际上是输入信号与本地伪码信号的相关值。在采样时钟的驱动下，输入信号的相位进行滑动调整来实现一个伪码周期内的所有相位并行搜索运

117

算，将串行搜索捕获算法的相位搜索次数减少到一次，提高了捕获效率。但是对于长伪码序列的捕获，需要消耗大量的硬件资源。

C3 FFT 频域捕获算法

FFT 频域捕获算法又称并行码相位算法，其原理是利用 FFT 频域相乘实现时域的卷积运算，能在一个载波频率搜索所有的码相位。假设两个伪码信号分别为 $x(n)$ 和 $y(n)$，信号的长度为 N，两信号的互相关运算结果可以表示为

$$r(m) = \sum_{n=0}^{N-1} x(n)y(n+m) \tag{C-3}$$

式中 m——伪码序列的相位偏移量。

它们的时域卷积可表示为

$$z(n) = x(n) * y(n) = \sum_{m=0}^{N-1} x(m)y(n-m) \tag{C-4}$$

$z(n)$ 的离散傅里叶变换为

$$
\begin{aligned}
Z(k) &= F[x(n) * y(n)] \\
&= F\left[\sum_{m=0}^{N-1} x(m)y(n-m)\right] \\
&= \sum_{n=0}^{N-1}\sum_{m=0}^{N-1} x(m)y(n-m)e^{-j2\pi kn/N} \\
&= \sum_{m=0}^{N-1} e^{-j2\pi km/N}\sum_{n=0}^{N-1} y(n-m)e^{-j2\pi k(n-m)/N} \\
&= X(k) \cdot Y(k)
\end{aligned} \tag{C-5}
$$

$r(n)$ 进行离散傅里叶变换可得

$$
\begin{aligned}
R(k) &= F\left[\sum_{n=0}^{N-1} x(n)y(n+m)\right] \\
&= \sum_{m=0}^{N-1}\sum_{n=0}^{N-1} x(n)y(n+m)e^{-j2\pi km/N} \\
&= \sum_{n=0}^{N-1} x(n)e^{j2\pi kn/N}\sum_{m=0}^{N-1} y(n+m)e^{-j2\pi k(n+m)/N} \\
&= X^*(k) \cdot Y(k) \\
&= X(k) \cdot Y^*(k)
\end{aligned} \tag{C-6}
$$

式中 $X^*(K)$——$X(K)$ 共轭；

$Y^*(K)$——$Y(K)$ 的共轭。

因此，两信号的互相关结果可表示为

$$z(n) = IFFT\{FFT[x(n)] \times FFT^*[y(n)]\} \tag{C-7}$$

根据上式原理，FFT 频域捕获算法原理如图 C-4 所示。

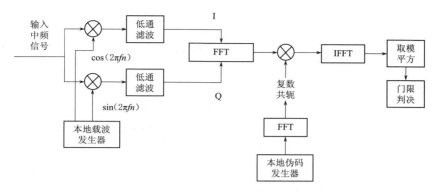

图 C-4 FFT 频域捕获算法原理图

（1）将中频输入信号和本地载波发生器产生的同相和正交信号分量相乘，通过低通滤波器后得到 I 路和 Q 路信号分量。

（2）将步骤（1）中得到的 I 路和 Q 路信号组成复信号做 FFT 变换。

（3）对本地伪码发生器输出的伪码信号做 FFT 变换，再取其共轭。

（4）将步骤（2）和步骤（3）中得到的信号做内积运算，并将内积运算的结果做离散傅里叶逆变换（inverse fast fourier transform，IFFT）变换。

（5）对步骤（4）所得的结果取模平方后进行门限判决，如果最大峰值大于判决门限，则说明信号捕获成功，峰值对应的位置为该伪码相位，而此时本地载波的频率值就是信号所在的载波频率；如果最大峰值小于判决门限，则重设本地载波发生器的频率为下一个频率步长的值，再次执行步骤（1）～步骤（4）。

FFT 频域捕获算法在每个载波频率步长只需采用两次 FFT 以及一次 IFFT，就可以通过比较伪码在整个周期内码片的相关值来判断是否捕获成功，节省了捕获的时间，但是系统算法结构较复杂。

C4 PMF-FFT 捕获算法

分段匹配滤波器（partial matched filters，PMF）能够将信号分成多段并同时用多个较短的匹配滤波器来进行处理。PMF-FFT 捕获算法结合分段匹配滤波器与 FFT 运算，实现了伪码相位维度和多普勒频移维度的二维并行处理，相较于串行和并行搜索捕获算法，具有更快的捕获速度，其算法原理框图如图 C-5 所示。

（1）由接收机得到的中频信号，与本地载波数字控制振荡器（numerically controlled oscillator，NCO）产生的同相和正交信号分量做内积运算得到 I 路（实部）和 Q 路（虚部）分量。

（2）将步骤（1）中所得的长度为 L 的两路信号，均分成 X 段，每段信号长度为 $P(P=L/X)$，把 I 路和 Q 路的 X 段信号分别送入由 X 个分段自相关器组成的匹配滤波器组，在匹配滤波器组中分别与本地伪码进行相关运算后再相加合并。

（3）将步骤（2）中输出的 X 个相关值进行 $N(N \geqslant P)$ 点 FFT 变换处理，其中 N 为

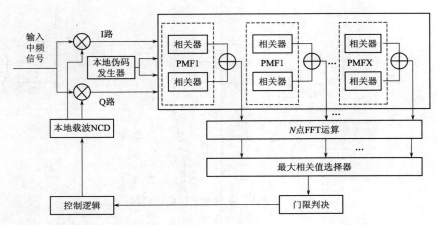

图 C-5　PMF-FFT 捕获算法原理图

2 的整数次幂。选出 FFT 处理后幅度最大的峰值，并与判决门限比较，超过门限值则为捕获成功。若未超过门限值再通过控制逻辑调整本地载波信号的产生，再次执行步骤（1）～步骤（3），以此循环直到找到最大峰值。

　　在该二维并行的信号捕获方法中，匹配滤波器组将接收的信号均分给每个相关器，使得每个相关器只含有部分连续的码元数据信息，这样即使信号伪码周期较长时，也比并行码相位法所使用的 FFT 运算次数更少，因此极大地提高了捕获时间。

附录 D 锁 相 环 简 介

D1 基本锁相环的工作原理

北斗接收机信号跟踪环的设计利用了锁相环结构的特点，基本锁相环的工作原理如图 D-1 所示。

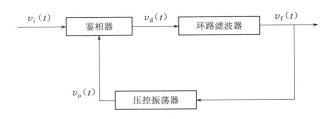

图 D-1 基本锁相环结构框图

鉴相器主要负责鉴别输入信号与本地信号的相位差。假设输入信号的形式为

$$v_i(t) = V_i(t)\sin(w_i t + \theta_i t) \tag{D-1}$$

式中　$V_i(t)$——输入基带信号；

　　　w_i——输入信号的角频率；

　　　θ_i——输入信号的相位。

压控振荡器本地产生的载波信号为

$$v_o(t) = V_o(t)\cos(w_o t + \theta_o) \tag{D-2}$$

式中　$V_o(t)$——压控振荡器在输入控制电压为零时的基带信号；

　　　w_o——压控振荡器初始振荡角频率；

　　　θ_o——压控振荡器的初始振荡相位。

鉴相器将输入信号与载波信号相乘得到的信号为

$$
\begin{aligned}
v_d(t) &= v_i(t) \cdot v_o(t) \\
&= V_i(t) \cdot V_o(t) \cdot \sin(w_i t + \theta_i)\cos(w_o t + \theta_o) \\
&= K_d\{\sin[(w_i + w_o)t + \theta_i + \theta_o] + \sin[(w_i - w_o)t + \theta_i - \theta_o]\}
\end{aligned} \tag{D-3}
$$

环路滤波器用于滤除鉴相器输出信号 $v_d(t)$ 的高频分量以及噪声分量，一阶、二阶、三阶环的环路滤波器如图 D-2 所示。一阶环不能很好地跟踪频率阶跃和频率斜升的输入信号，因此北斗接收机常用二阶环和三阶环，低动态环境下的载波跟踪一般采用二阶环，而三阶环适合高动态环境下的载波环路跟踪。一阶、二阶、三阶环的传递函数可以表示为

$$F_1(s)=\frac{1}{K}w_n$$

$$F_2(s)=\frac{1}{K}\left(a_2 w_n+\frac{w_n^2}{s}\right)$$

$$F_3(s)=\frac{1}{K}\left(b_3 w_n+\frac{a_3 w_n^2}{s}+\frac{w_n^3}{s^2}\right)$$

(D-4)

式中 w_n——特征频率；

a_n、b_n——滤波器参数；

K——滤波器增益。

经过环路滤波器后的低频信号表示为

$$v_f=K_d K_f \sin(\theta_i-\theta_o)$$

(D-5)

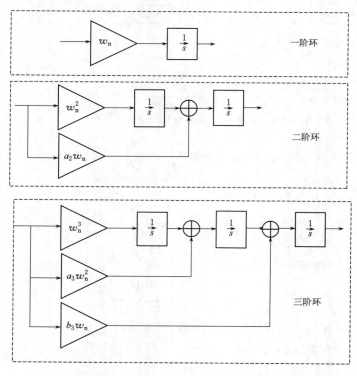

图 D-2 一、二、三阶环路滤波器

压控振荡器根据环路滤波器输出的相位差信号 $v_f(t)$，产生角频率为 $v_o(t)$。频率为 $f_o(t)$ 的周期振荡信号，可表示为

$$f_o(t)=\frac{dw_o(t)}{dt}=K_o v_f(t)$$

(D-6)

式中 K_o——压控振荡器的增益。

对振荡信号进行积分可得一段时间 T 内的初相位变化量，如式（D-7）所示。通过该积分值来调整压控振荡器的频率最终使得环路输出 $v_i(t)$ 和 $v_o(t)$ 的相位达到一致，最终

使相位差信号 $v_f(t)$ 为零值。

$$\theta_o(t) = \int_0^T \frac{dw_o(t)}{dt}dt = \int_0^T K_o v_f(t)dt \qquad (D-7)$$

D2　常用鉴相器类型

常见的锁相环的鉴相器可分为以下几类，详见表 D-1。

表 D-1   主要鉴相器类型

鉴相器类型	输出相位误差	特　点
$Q(t) \times I(t)$	$\sin[2\phi(t)]$	经典的 Costas 环鉴相器，在低信噪比时接近最佳，斜率与信号幅度平方成正比，运算量要求适中
$\arctan[Q(t)/I(t)]$	$\phi(t)$	二象限的反正切。在高和低信噪比时都可以达到最佳的鉴相特性，斜率与信号幅度无关，运算量要求高
$Q(t)/I(t)$	$\tan[\phi(t)]$	在高和低信噪比时都接近最佳的鉴相特性。斜率与信号幅度无关，运算量要求较高，在相差为 $\pm90°$ 时会发散
$Q(t) \times sgn[I(t)]$	$\sin[\phi(t)]$	在高信噪比时有接近最佳的鉴相特性，斜率与信号幅度成正比，运算量要求较低

D3　常用鉴频器类型

常见的锁相环的鉴频器可分为以下几类，见表 D-2。

表 D-2   主要鉴频器类型

鉴频器类型	计　算　公　式	特　点
叉积	$\dfrac{Cross}{t_2 - t_1}$	计算量小，鉴频结果依赖输入信号的幅值
四象限反正切	$\dfrac{\arctan2(Cross, Dot)}{t_2 - t_1}$	鉴频最准确，鉴频结果与输入信号的幅值无关
叉积符号点积相乘	$\dfrac{Cross \cdot sgn(Dot)}{t_2 - t_1}$	计算量较小，因为有符号函数，对数据跳变不明显，鉴频结果与输入信号幅值平方成正比关系

叉积 *Cross* 和点积 *Dot* 的具体计算公式为

$$\begin{aligned}
Cross &= I(t-1)Q(t) - Q(t-1)I(t) \\
&= A^2 D(t-1)D(t)\sin[\phi(t-1)]\cos[\phi(t)] \\
&\quad + A^2 D(t-1)D(t)\cos[\phi(t-1)]\sin[\phi(t)] \\
&= A^2 \sin[\phi(t-1) - \phi(t)]
\end{aligned} \qquad (D-8)$$

$$Dot = I(t-1)I(t) + Q(t-1)Q(t)$$
$$= A^2 D(t-1)D(t)\cos[\phi(t-1)]\cos[\phi(t)]$$
$$+ A^2 D(t-1)D(t)\sin[\phi(t-1)]\sin[\phi(t)]$$
$$= A^2 \cos[\phi(t-1) - \phi(t)] \qquad\qquad (D-9)$$

D4   常用码相位鉴别器类型

常用的码相位鉴别器见表 D-3。

表 D-3   主要码相位鉴别器算法

鉴 别 器 算 法	特 点
$D = I_E - E_L$	最简单的鉴别器，不需要 Q 支路，但要求载波跟踪环能够严格锁定载波相位和频率
$D = (I_E^2 + Q_E^2) - (I_L^2 + Q_L^2)$	超前滞后能量差鉴别器，在码元差为 $\pm 1/2$ 码元处输出和 $D = I_E - I_L$ 几乎相同
$D = I_P(I_E - I_L) + Q_P(Q_E - Q_L)$	利用了六个积分器的输出，运算量大
$D = \dfrac{(I_E^2 + Q_E^2) - (I_L^2 + Q_L^2)}{(I_E^2 + Q_E^2) + (I_L^2 + Q_L^2)}$	通用超前滞后能量差鉴别器，码元差大于 $\pm 1/2$ 码元时性能依然较好，并且能够保持对噪声信号的跟踪

附录 E 北斗系统的两种定位方法

E1 伪 距 定 位 法

E1.1 伪距观测方程建立

在实际应用中，由于北斗卫星时钟和用户接收机时钟均存在误差，导致北斗卫星和用户接收机产生测距码元的时间与北斗标准时间之间存在一定偏差。不失一般性，假设北斗卫星时钟和用户接收机时钟均快于真实北斗标准时间，则卫星端和用户端测距码元的产生时间都将提前，同时考虑卫星时钟和接收机时钟存在不同时钟误差，因此测距码元在卫星和接收机上产生的时间也不一致。传播时序关系如图 E-1 所示。

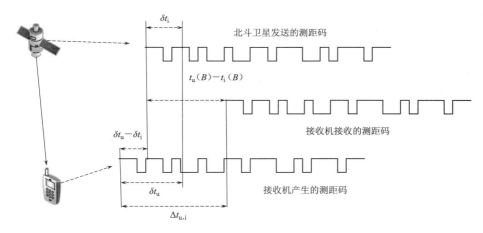

图 E-1 传播时序关系

如图 E-1 所示，设 t_i——北斗卫星 S_i 发射测距信号的卫星时钟时刻；$t_i(B)$——北斗卫星 S_i 发射测距信号的北斗标准时刻；t_u——接收机接收到北斗卫星信号的接收机时钟时刻；$t_u(B)$——接收机接收到北斗卫星信号的北斗标准时刻；$\Delta t_{u,i}$——北斗卫星 S_i 发送的北斗卫星信号传输至用户接收机的传播时延；δt_u——用户接收机时钟相对于标准北斗时的钟差；δt_i——卫星时钟相对于标准北斗时的钟差。根据钟差的定义，t_i 和 t_u 可以表示为

$$t_i = t_i(B) + \delta t_i \tag{E-1}$$

$$t_u = t_u(B) + \delta t_u \tag{E-2}$$

进一步，卫星信号传播时延可以表示为

$$\Delta t_{u,i} = t_u - t_i = [t_u(B) - t_i(B)] + \delta t_u - \delta t_i \tag{E-3}$$

将上式两边同时乘以光速，则有

$$c\Delta t_{u,i}=c(t_u-t_i)=c[t_u(B)-t_i(B)]+c(\delta t_u-\delta t_i) \tag{E-4}$$

令 $\rho_{u,i}(t)$ 表示 t 时刻北斗卫星 S_i 与用户接收机之间的几何距离，即

$$\rho_{u,i}(t)=\sqrt{[X_u-X_i(t)]^2+[Y_u-Y_i(t)]^2+[Z_u-Z_i(t)]^2} \tag{E-5}$$

则 t 时刻北斗卫星与用户接收机之间的测码伪距可以表示为

$$\tilde{\rho}_{u,i}(t)=\rho_{u,i}(t)+c(\delta t_u-\delta t_i) \tag{E-6}$$

由于用户接收机同时对不同卫星进行观测，因此不同卫星与接收机之间的钟差是相同的，令 $\delta t=\delta t_u-\delta t_i$。考虑到北斗卫星钟差 δt_i 在导航电文中已经给出，可视为已知量，同时考虑电离层和对流层误差影响，则测码伪距观测方程的通用形式可以表示为

$$\tilde{\rho}_{u,i}(t)=\rho_{u,i}(t)+c\cdot\delta t+\Delta I_{u,i}(t)+\Delta T_{u,i}(t) \tag{E-7}$$

式中　$\Delta I_{u,i}(t)$——电离层折射影响；

$\Delta T_{u,i}(t)$——对流层折射影响。

E1.2　定位解算

如果已知每颗北斗卫星坐标和卫星与用户接收机之间的距离，那么可以在同一坐标系中求解用户接收机的坐标。由于观测方程是用来描述观测值和接收机位置参数之间的函数关系，同时基于导航电文及特定模型可以得到卫星钟差、电离层折射和对流层折射改正项。因此，只要同时观测至少 4 颗卫星，就能求解出用户接收机三维坐标和接收机钟差。进一步的，令

$X_{i0}(t)=[X_{i0}(t),Y_{i0}(t),Z_{i0}(t)]^T$ 表示 t 时刻北斗卫星 S_i 的坐标近似值；

$X_{u0}=[X_{u0},Y_{u0},Z_{u0}]^T$ 表示用户接收机的坐标近似值；

$\delta X_i(t)=[\delta X_i(t),\delta Y_i(t),\delta Z_i(t)]^T$ 表示 t 时刻北斗卫星 t 的坐标改正值；

$\delta X_u=[\delta X_u,\delta Y_u,\delta Z_u]^T$ 表示 t 时刻用户接收机的坐标改正值。

进一步的，$\rho_{u,i}(t)$ 对于坐标轴 X，Y，Z 的方向余弦分别表示为

$$l_{u,i}(t)=\frac{\partial\rho_{u,i}(t)}{\partial X}=\frac{X_{i0}(t)-X_{u0}}{\rho_{(u,i)0}(t)}[\delta X_i(t)-\delta X_u] \tag{E-8}$$

$$m_{u,i}(t)=\frac{\partial\rho_{u,i}(t)}{\partial Y}=\frac{Y_{i0}(t)-Y_{u0}}{\rho_{(u,i)0}(t)}[\delta Y_i(t)-\delta Y_u] \tag{E-9}$$

$$n_{u,i}(t)=\frac{\partial\rho_{u,i}(t)}{\partial Z}=\frac{Z_{i0}(t)-Z_{u0}}{\rho_{(u,i)0}(t)}[\delta Z_i(t)-\delta Z_u] \tag{E-10}$$

其中

$$\rho_{(u,i)0}(t)=|X_{i0}(t)-X_{u0}| \tag{E-11}$$

根据卫星星历可以得到卫星位置，则北斗卫星的坐标改正量 $\delta X_i(t)=0$，因此，观测方程可以线性化为

$$\begin{aligned}\tilde{\rho}_{u,i}(t)=&\rho_{(u,i)0}(t)-[l_{u,i}(t)\quad m_{u,i}(t)\quad n_{u,i}(t)]\delta X_u\\&+c\cdot\delta t+\Delta I_{u,i}(t)+\Delta T_{u,i}(t)\end{aligned} \tag{E-12}$$

假设在 t 时刻用户接收机对 k 颗卫星（$k>3$）进行了有效观测，则根据伪距线性观测方程，可以得到误差方程的矢量表达为

$$L=AX+V \tag{E-13}$$

其中

$$L = \begin{bmatrix} \widetilde{\rho}_{u,1}(t) = \rho_{(u,1)0}(t) \\ \widetilde{\rho}_{u,2}(t) = \rho_{(u,2)0}(t) \\ \vdots \\ \widetilde{\rho}_{u,k}(t) = \rho_{(u,k)0}(t) \end{bmatrix}, A = \begin{bmatrix} -l_{u,1} & -m_{u,1} & -n_{u,1} & c \\ -l_{u,2} & -m_{u,2} & -n_{u,2} & c \\ \vdots & \vdots & \vdots & \vdots \\ -l_{u,k} & -m_{u,k} & -n_{u,k} & c \end{bmatrix} \quad (E-14)$$

$$X = \begin{bmatrix} \delta X_u \\ \delta Y_u \\ \delta Z_u \\ \delta t \end{bmatrix}, V = \begin{bmatrix} \Delta l_{u,1}(t) + \Delta T_{u,1}(t) \\ \Delta l_{u,2}(t) + \Delta T_{u,2}(t) \\ \vdots \\ \Delta l_{u,k}(t) + \Delta T_{u,k}(t) \end{bmatrix} \quad (E-15)$$

求解上述误差方程，由最小二乘法可得

$$X = (A^T A)^{-1} A^T L \quad (E-16)$$

当接收机初始化坐标未知时，可将其设置为地球的球心，如果接收机初始化坐标误差较大，则坐标校正量的值较大，可能导致定位误差过大，此时可通过迭代的方法来解决，即采用估计得到的坐标作为初始坐标进行多次最小二乘迭代求解，直到满足定位要求，此时定位解算结果将收敛于用户接收机的真实位置。

E1. 3   伪距差分定位原理

假设基准站的位置坐标为 (X_b, Y_b, Z_b)，根据基准站收到的导航电文信息，可以得到基准站到卫星 S_i 的真实距离为

$$\rho_{b,i} = \sqrt{(X_b - X_i)^2 + (Y_b - Y_i)^2 + (Z_b - Z_i)^2} \quad (E-17)$$

假设基准站测量到北斗卫星 S_i 的伪距为 $\widetilde{\rho}_{b,i}$，其中包含了基准站接收机时钟误差、电离层和对流层延迟误差、卫星钟差等因素带来的测量误差，将基准站到卫星的真实距离 $\rho_{b,i}$ 和伪距 $\widetilde{\rho}_{b,i}$ 求差，可以得到伪距改正量，即

$$\Delta \rho_{b,i} = \rho_{b,i} - \widetilde{\rho}_{b,i} \quad (E-18)$$

此外，如果需要更高的修正精度，进一步可以求出伪距改正量随时间的变化率。由于基准站和其服务范围内的用户距离较近，因此基准站测定的伪距改正量也适用于其他用户，可以将基准站伪距改正量广播给服务区域中的其他用户，当接收到改正参数后，用户接收机可以对本地测量的伪距进行修正，得到经过差分修正的伪距，即

$$\widehat{\widetilde{\rho}}_i = \widetilde{\rho}_i + \Delta \rho_{bi} \quad (E-19)$$

E2   载 波 相 位 定 位 法

E2. 1   载波相位观测方程建立

假设在北斗标准时刻 $t_i(B)$，北斗卫星 S_i 卫星钟面时刻为 t_i，发射的北斗卫星信号载波相位为 $\Phi_i(t_i)$；在北斗标准时刻 $t_u(B)$，接收机钟面时刻为 t_u，接收机收到北斗卫星在

t_i 时刻发射的卫星信号，δt_u 表示接收机钟差，δt_i 表示北斗卫星钟差，用户接收机参考信号的相位 $\Phi_u(t_u)$，根据载波相位测量原理，则有

$$\varphi = \Phi_u(t_u) - \Phi_i(t_i) + N_0 \tag{E-20}$$

其中

$$t_i = t_i(B) + \delta t_i = t_u(B) - [t_u(B) - t_i(B)] + \delta t_i \tag{E-21}$$

$$t_u = t_u(B) + \delta t_u \tag{E-22}$$

通常卫星采用的是高精度的晶体振荡器，在短时间内的频率相对稳定性可达 $10^{-12} \sim 10^{-11}$，由频率漂移所引起的误差可以忽略不计。因此，当 δ_t 较小时，有 $\Phi(t+\delta_t) = \Phi(t) + f\delta_t$。进一步有

$$
\begin{aligned}
\varphi &= \Phi_u[t_u(B) + \delta t_u] - \Phi_i[t_i(B) + \delta t_i] + N_0 \\
&= \Phi_u[t_u(B) + \delta t_u] - \Phi_i\{t_u(B) - [t_u(B) - t_i(B)] + \delta t_i\} + N_0 \\
&= \Phi_u[t_u(B) + f\delta t_u] - \Phi_i[t_u(B)] + f[\delta t_u(B) - t_i(B)] - f\delta t_i + N_0 \\
&= f_u[t_u(B) - t_i(B)] + f(\delta t_u - \delta t_i) + N_0
\end{aligned}
\tag{E-23}
$$

进一步，式（E-23）两边同时乘以波长 $\lambda = c/f$ 得到

$$
\begin{aligned}
\tilde{\rho}_{u,i}(t) &= c[t_u(B) - t_i(B)] + c(\delta t_u - \delta t_i) + N_0\lambda \\
&= \rho_{u,i}(t) + c(\delta t_u - \delta t_i) + N_0\lambda
\end{aligned}
\tag{E-24}
$$

根据导航电文可以得到卫星钟差，同时考虑电离层和对流层折射影响，有

$$\tilde{\rho}_{u,i}(t) = \rho_{u,i}(t) + c(\delta t_u - \delta t_i) + N_0\lambda + \Delta I_{u,i}(t) + \Delta T_{u,i}(t) \tag{E-25}$$

相比于测码伪距观测方程，载波相位测量观测方程额外引入了整周模糊度，而其余部分则完全一致，同理将载波相位测量观测方程进行线性化处理，可以得到观测方程的线性化表达，即

$$
\begin{aligned}
\tilde{\rho}_{u,i}(t) &= \rho_{(u,i)0}(t) - [l_{u,i}(t) \quad m_{u,i}(t) \quad n_{u,i}(t)]\delta X_u \\
&\quad + c \cdot \delta t + \Delta I_{u,i}(t) + \Delta T_{u,i}(t) + N_0\lambda
\end{aligned}
\tag{E-26}
$$

后续定位解算处理与伪码测距法类似，由于采用载波相位定位法能够获得更高的定位精度，因此该方法在各种精密定位领域获得了广泛的应用。但载波相位测量观测方程中引入了参数 N_0，给接收机数据处理带来了挑战。因此，精准确定 N_0 是北斗卫星载波相位测量中的一个重要问题。

E2.2 常用载波相位差分定位方法

常用的载波相位差分组合方法有站间单差、站星双差、站星时三差。

站间单差是指地面两个不同接收机同步观测相同的北斗卫星，并将所得载波相位观测量求差，即

$$\Delta\varphi_i = \varphi_{2,i} - \varphi_{1,i} \tag{E-27}$$

进一步根据载波相位观测方程，有

$$
\begin{aligned}
\Delta\varphi_i &= \frac{f}{c}[\rho_{2,i}(t) - \rho_{1,i}(t)] + f(\delta t_{2,i} - \delta t_{1,i}) + (N_2 - N_1) \\
&\quad + \frac{f}{c}[\Delta I_{2,i}(t) - \Delta I_{1,i}(t)] + \frac{f}{c}[\Delta T_{2,i}(t) - \Delta T_{1,i}(t)]
\end{aligned}
\tag{E-28}
$$

进行化简，令

$$\Delta \tilde{t} = \delta t_{2,i} - \delta t_{1,i} \tag{E-29}$$

$$\Delta \tilde{N} = N_2 - N_1 \tag{E-30}$$

$$\Delta \tilde{I}_i = \Delta I_{2,i}(t) - \Delta I_{1,i}(t) \tag{E-31}$$

$$\Delta \tilde{T}_i = \Delta T_{2,i}(t) - \Delta T_{1,i}(t) \tag{E-32}$$

则单差观测方程可以进一步化简为

$$\Delta \varphi_i = \frac{f}{c}[\rho_{2,i}(t) - \rho_{1,i}(t)] + f\Delta \tilde{t} + \Delta \tilde{N} + \frac{f}{c}\Delta \tilde{I}_i + \frac{f}{c}\Delta \tilde{T}_i \tag{E-33}$$

从式（E-33）中可以看出，在单差模式下已经消除了卫星钟差，将进一步提高载波相位定位精度。同理，站星双差是在站间单差的基础上，将同步观测的两颗不同北斗卫星的单差再次求差，站星双差可以进一步消除接收机的时钟误差；进一步，站星时三差则是在站星双差的基础上，将双差组合在不同历元时间求差，可以再进一步消除整周模糊度的影响。

附录 F 北斗系统授时方法

F1 RNSS 单向授时方法

1. 北斗 RNSS 单星授时方法

北斗 RNSS 单星授时法能够在用户终端位置已知的情况下对用户终端进行授时，具体方法可以根据北斗 RNSS 单向授时时序图来进行推导，其时序图如图 F-1 所示。

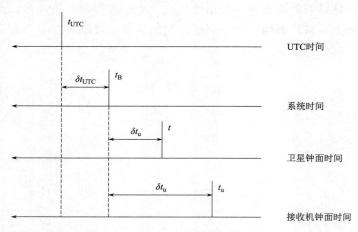

图 F-1 北斗 RNSS 单向授时时序图

其中，t_u 是接收机钟面时间；t 是卫星钟面时间；t_B 是北斗系统时间。由时序图中可知，计算用户终端与 UTC 时间的钟差 δt 需要计算北斗卫星系统时间和 UTC 时间的钟差 δt_{UTC}、接收机钟面时间和北斗卫星系统时间的钟差 δt_u。首先利用导航电文中给出的 A_0、A_1、t_{OU}、Δt_{LS} 的值计算北斗卫星系统时间和 UTC 时间的钟差 δt_{UTC}，即

$$\delta t_{UTC} = A_0 + A_1(t_B - t_{OU}) + \Delta t_{LS} \tag{F-1}$$

然后根据伪距方程计算接收机钟面时间和北斗卫星系统时间的钟差 δt_u，即

$$\widetilde{\rho} = \sqrt{(X_u - X)^2 + (Y_u - Y)^2 + (Z_u - Z)^2} - c\delta t_s + c\delta t_u + \varepsilon \tag{F-2}$$

$$\widetilde{\rho} = c(t_t - t_r)$$

式中　　　　　　　　　　　$\widetilde{\rho}$——伪距；

t_t——北斗卫星信号的发送时刻；

t_r——接收机接收到北斗卫星信号的时刻；

$(X_u, Y_u, Z_u,)$ 和 (X, Y, Z)——用户终端和北斗卫星的坐标；

δt_s——卫星钟面时间与北斗系统时间的钟差（可以由导航电文得到）；

δt_{u}——待求的接收机钟面时间与北斗系统时间的钟差；

ε——电离层、对流层、多径效应与其他未知因素带来的误差；

c——光速。

再对伪距方程作变换可得

$$\delta t_{\mathrm{u}} = \frac{1}{c} \left[\widetilde{\rho} - \sqrt{(x - X_{\mathrm{s}})^2 + (y - Y_{\mathrm{s}})^2 + (z - Z_{\mathrm{s}})^2} - \varepsilon \right] + \delta t_{\mathrm{s}} \qquad (F-3)$$

通过附式（F-3）可得接收机钟面时间与北斗系统时间的钟差 δt_{u}，再与已计算出的北斗系统时间与 UTC 时间的钟差 δt_{UTC} 相加得到接收机钟面时间与 UTC 时间的钟差 δt。

2. 北斗动态多星授时方法

RNSS 动态多星授时方法能够在用户终端位置未知的情况下利用伪距方程组解算出用户终端的位置及其与北斗系统时间的钟差 δt_{u}，该方法要求观测卫星的数量大于等于 4。图 F-2 是 RNSS 动态多星授时示意图。

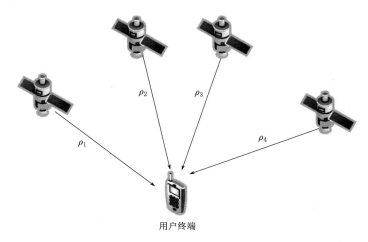

图 F-2　RNSS 动态多星授时示意图

根据伪据方程组进行解算：

$$\widetilde{\rho}_1 = \sqrt{(X_{\mathrm{u}} - X_1)^2 + (Y_{\mathrm{u}} - Y_1)^2 + (Z_{\mathrm{u}} - Z_1)^2} - c\delta t_{\mathrm{s1}} + c\delta t_{\mathrm{u}} + \varepsilon_1$$

$$\widetilde{\rho}_2 = \sqrt{(X_{\mathrm{u}} - X_2)^2 + (Y_{\mathrm{u}} - Y_2)^2 + (Z_{\mathrm{u}} - Z_2)^2} - c\delta t_{\mathrm{s2}} + c\delta t_{\mathrm{u}} + \varepsilon_2$$

$$\widetilde{\rho}_3 = \sqrt{(X_{\mathrm{u}} - X_3)^2 + (Y_{\mathrm{u}} - Y_3)^2 + (Z_{\mathrm{u}} - Z_3)^2} - c\delta t_{\mathrm{s3}} + c\delta t_{\mathrm{u}} + \varepsilon_3 \qquad (F-4)$$

$$\widetilde{\rho}_4 = \sqrt{(X_{\mathrm{u}} - X_4)^2 + (Y_{\mathrm{u}} - Y_4)^2 + (Z_{\mathrm{u}} - Z_4)^2} - c\delta t_{\mathrm{s4}} + c\delta t_{\mathrm{u}} + \varepsilon_4$$

式中　　　　　　　　　　$\widetilde{\rho}_i$——各个卫星到用户终端的星地伪距；

$(X_{\mathrm{u}}, Y_{\mathrm{u}}, Z_{\mathrm{u}})$——用户终端的位置坐标；

$(X_i, Y_i, Z_i), i=1,2,\cdots,4$——四颗北斗卫星的位置坐标；

c——光速；

$\delta t_{si}, i=1,2,\cdots,4$——四颗卫星的钟面时间与北斗系统时间的钟差；

δt_{u}——接收机钟面时间与北斗系统时间的钟差；

$\varepsilon_i(i=1,2,\cdots,4)$——四颗卫星到用户终端的电离层、对流层、多径效应与其他未知因素带来的误差。

通过求解伪距方程组可以得到用户终端的位置坐标及用户终端与北斗系统时间的钟差 δt_u。此外，可以看出伪距方程组中用户终端位置参数是三个未知数，钟差也是一个未知数，那么就需要至少四个方程才能解算出用户终端的位置及接收机钟面时间与北斗系统时间的钟差 δt_u。

F2 RDSS 单向授时方法

在用户终端位置已知的情况下，除了采用 RNSS 单向授时方法外，还可以采用北斗 RDSS 单向授时方法。北斗 RDSS 单向授时时序关系图如图 F-3 所示。

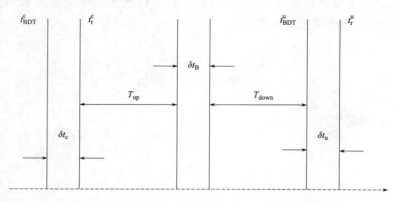

图 F-3 北斗 RDSS 单向授时示意图

北斗 RDSS 单向授时时序图中的 t_{BDT}^c 表示地面控制中心发射信号的北斗时间；t_t^c 表示地面站记录的地面控制中心发射信号时刻；δt_c 是地面控制中心的设备钟差，其值为 t_t^c 与 t_{BDT}^c 之差；T_{up} 是地面控制中心发出信号经上行链路到达北斗卫星的时延；δt_B 是信号经过北斗卫星的时延；T_{down} 是北斗卫星转发信号经下行链路到达用户终端的时延；t_{BDT}^u 是信号到达接收端的北斗系统时间；t_r^u 是信号到达接收端的接收机钟面时间。

在 RDSS 单向授时时序图中，地面控制中心的设备钟差 δt_c 可以忽略不计，那么用户终端与北斗系统时间的钟差为

$$\delta t_u = (t_r^u - t_t^c) - T_{up} - T_{down} - \delta t_B \tag{F-5}$$

其中，上行时延 T_{up} 和下行时延 T_{down} 可由导航电文中的卫星位置信息、地面控制中心的位置、用户终端的位置计算得到。

F3 RDSS 双向授时方法

北斗 RDSS 双向授时可以看作两个单向的过程：过程一是由地面控制中心发送导航信号，再由北斗卫星转发给用户终端，这一过程与 RDSS 单向授时过程类似；过程二则与过

程一相反，信号由用户终端发出，经北斗卫星转发给地面控制中心，由地面控制中心计算出单向传输时延。

对于过程一，由 RDSS 单向授时可得

$$\delta t_u = (t_r^u - t_t^c) - T_{up1} - T_{down1} - \delta t_{B1} \qquad (F-6)$$

对于过程二，有

$$-\delta t_u = (t_r^c - t_t^u) - T_{up2} - T_{down2} - \delta t_{B2} \qquad (F-7)$$

那么根据过程一、过程二的用户钟差计算公式可以计算出用户终端与北斗系统时间的钟差为

$$\delta t_u = \frac{1}{2}\left[(t_r^u - t_t^c) - T_{up1} - T_{down} - \delta t_{B1}\right] - \frac{1}{2}\left[(t_r^c - t_t^u) - T_{up2} - T_{down2} - \delta t_{B2}\right]$$

$$= \frac{1}{2}\left[(t_r^u - t_t^c)\right] + \frac{1}{2}\left[(T_{dowm2} - T_{up2}) + (T_{up2} - T_{down2})\right] + \frac{1}{2}(\delta t_{B2} - \delta t_{B1}) \qquad (F-8)$$

经过上述计算过程可以得到用户终端与北斗系统时间的钟差，从而实现授时功能。

附录G 北斗系统短报文业务体制及外设通信协议

G1 北斗短报文通信系统三种基本业务体制

G1.1 位置报告业务

位置报告业务是北斗短报文系统为用户终端提供的单向位置报告服务，主要用于飞机、船舶、汽车等位置报告，该业务能够使调度控制中心快速确定用户位置，为后续调度提供信息基础，是北斗短报文中最为主要的业务，其业务总量大约占据北斗短报文基本业务总量的一半以上。图G-1为北斗短报文位置报告业务的信息流图，当用户终端设备使用RNSS业务解算获取终端位置信息后，将位置信息经卫星链路传输地面主控站，主控站进行处理后，将信息分发至对应的信息接收端。

图G-1 北斗短报文位置报告业务信息流图

G1.2 应急搜救业务

应急搜救业务是北斗短报文系统为用户终端提供的具有用户回执的搜救服务，其信息流图如图G-2所示。具体来说，当用户终端利用北斗短报文服务发出搜救申请时，首先通过RNSS获取用户终端当前位置，生成搜救申请信息并发送至北斗短报文服务卫星，当卫星接收到该搜救申请后向用户返回本星接收确认回执，表示当前卫星已经成功接收到该搜救申请，同时服务卫星通过相应通信链路将报文信息传输至地面主控站。地面控制中心接收到搜救申请后，将该申请分发至搜救任务控制中心，经过对申请信息进行分辨处理，当搜救任务控制中心确认当前搜救申请有效后，向地面控制中心返回搜救

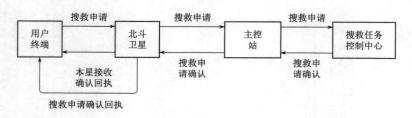

图G-2 北斗短报文应急搜救业务信息流图

确认回执。地面控制中心将回执打包后再通过对应通信链路向该用户终端返回搜救确认回执，表示用户终端的搜救申请已被搜救任务控制中心接收确认，相关部门将立即展开救援工作。

G1.3 短报文通信业务

短报文通信业务是北斗短报文系统为不同北斗用户终端提供的双向通信服务。当用户双方需要进行通信时，发信用户终端通过通信链路将报文信息发传输至地面主控站，主控站收到报文信息后首先对报文信息进行处理，再通过对应通信链路将报文信息分发至收信用户终端，北斗短报文的报文通信业务信息流图如图 G-3 所示。需要特别说明的是，当报文服务卫星成功接收到发信用户终端传输的报文数据后，该服务卫星会向发信用户返回接入成功确认回执信号，同理，当收信用户终端成功接收报文信息后也会向主控站返回接收成功确认回执信号。通常，在执行短报文通信业务的同时，位置报告业务也会启用，这是因为用户终端在进行连续的短报文通信时，如果位置变化范围过大，需要依靠位置报告业务进行用户终端位置更新，以便于地面主控站能够及时更新用户终端位置，并选择恰当的出站卫星。

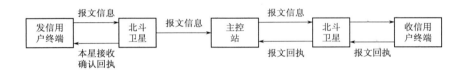

图 G-3 北斗短报文的报文通信业务信息流图

G2 北斗短报文外设通信协议

北斗卫星终端与外部设备的请求和应答常用基本指令见表 G-1。

表 G-1 串口通信请求与应答指令

请 求 指 令		响 应 指 令	
指令名称	指令代码	指令名称	指令代码
用户指令	$ YHZL	用户信息	$ YHXX
状态检测	$ ZTJC	状态信息	$ ZTXX
功率检测	$ GLJC	功率状况	$ GLZK
版本输出	$ BBSC	版本信息	$ BBXX
定位申请	$ DWSQ	定位信息	$ DWXX
授时申请	$ SSSQ	授时信息	$ SSXX
通信申请	$ TXSQ	通信信息	$ TXXX

《北斗用户终端 RDSS 单元性能要求及测试方法》（BD 42007—2015）中给出了北斗用户终端数据接口参数及数据格式协议，外设与北斗终端通过 RS232 连接，数据传输格式符合 UART 协议的要求，串口非同步传送，参数设置为：

传输速率：19200bit/s；

开始位：1bit；

数据位：8bit；

校验位：无。

短报文进行数据传输时，不同业务具有不同的数据传输协议格式，但每种传输协议基本包含以下五部分，即基本数据传输格式，见表 G-2。

表 G-2　　　　　　　　　　　　基 本 数 据 传 输 格 式

指　　令	报文长度	用户地址	报　文　内　容	校 验 和
$××××，5Byte	2Byte	3Byte	长度与业务类型相关	1Byte

指令：通常以 $ 开头的 ASCII 码表示，长度为 5Byte，例如 $DWSQ 表示定位申请；$TXSQ 表示通信申请。

报文长度：长度为 2Byte，表示整个报文传输的字节长度，地面中心站可利用此信息判断当前报文数据是否有丢失。

用户地址：表示短报文传输时的当前终端 ID 号，对应的发送方地址或接收方地址在报文信息中。

报文内容：包含发送或接收的用户信息数据，采用二进制原码，主要有数据内容、类别、发送方或接收方地址等，不同的业务协议细节格式不同。

校验和：通过对指令、报文长度、用户地址和报文内容从第一个数据开始进行异或运算得到的结果，能够简单校验当前数据是否出现错误。

下面以北斗卫星短报文通信过程中的报文发送和报文接收为例进行进一步说明，其中报文发送指令为 "$TXSQ"，报文接收指令为 "$TXXX"。

当需要发送报文时，外设终端通过 "$TXSQ" 指令来实现，"$TXSQ" 指令格式具体见表 G-3。

表 G-3　　　　　　　　　　　通 信 申 请 指 令 基 本 格 式

指令	长度	用户地址	信息类别	用户地址（信宿）	信　息　内　容			校 验 和
					电文长度	是否应答	电文内容	
40bit	16bit	24bit	8bit	24bit	16bit	8bit	民用军用长度不同	8bit

其中 8bit 的信息类别的具体写入方法随通信类别而定，当通信类别为 "报文通信" 时，8bit 信息类别的写入方法见表 G-4。

表 G - 4　　　　　　　　　　　　　报文通信信息类别写入方法

报 文 通 信	密　　钥	通 信 类 型	传 输 方 式	口 令 识 别
010	0	00 特快通信	0 汉字	0 通信
		01 普通通信	1 代码	1 口令识别
3bit	1bit	2bit	1bit	1bit

通信类别为"报文通信"时，24bit 用户地址为此次通信电文的收信方地址，8bit 信息类别的前三位设置为"010"，密钥固定设置为"0"。若通信类型为"00"，则进行特快通信，信息内容中的电文内容长度限定在 188bit 以内。当"口令识别"设置为"0"时，信息内容中的"是否应答"全写入为 0；当"口令识别"设置为"1"，则进行普通通信，通信类型位写入"01"，信息内容中的电文内容长度限定在 83bit 以内。

当通信类别为"查询通信"时，8bit 信息类别的写入方法见表 G - 5。

表 G - 5　　　　　　　　　　　　查询通信信息类别写入方法

查询通信	查 询 类 别	查 询 方 式	余　　量
011	0 定位查询	001 次 012 次 103 次	固定填 0
	1 通信查询	00 按最新存入电文查询 01 按发信地址查询 10 回执查询	
3bit	1bit	2bit	2bit

"查询通信"时，"电文长度""是否应答"和"电文内容"数据位自动取消，后面的数据自动前移。其中，"定位查询"（指挥型用户机功能）时，用户地址为被查询用户的用户机 ID 号；按最新存入电文查询时，用户地址为"0"；按发信地址查询时，用户地址为此次电文的发信方用户机 ID 号；回执查询时，用户地址为发出通信回执的用户机 ID 号。

北斗接收端"通信信息（＄TXXX）"报文格式见表 G - 6。

表 G - 6　　　　　　　　　　　通 信 信 息 指 令 格 式

指令	长度	用户地址	信息类别	用户地址（信宿）	发信时间	电　　文			校验和
						电文长度	电文内容	CRC 标志	
40bit	16bit	24bit	8bit	24bit	16bit	16bit	民用军用长度不同	8bit	8bit

其中信息类别具体格式见表 G - 7。

表 G - 7 "通信信息"信息类别格式

通　信	传输方式	是否回执	通信方式	密　钥	余　量
01	0 汉字	固定填 0	0 通信	0 无	固定填 0
	1 代码		1 查询	1 有	
2bit	1bit	1bit	1bit	1bit	2bit

其中"用户地址"表示此次通信或查询所得电文的发信方用户地址。"发信时间"分为发信时间时（8bit）和发信时间分（8bit），发信时间时起始值为 0，单位为 1h；发信时间分起始值为 0，单位时间为 1min。如果本次通信不属于查询通信，发信时间全填 0。若用户机收到的信息通过 CRC 校验，则"CRC 标志"填"00H"，否则填"01H"。

附录 H　北斗地基增强系统建设情况

H1　全国卫星导航定位与基准服务系统

全国卫星导航定位基准服务系统包括410座国家级卫星导航定位基准站，统筹了各省级测绘地理信息部门的2300余座基准站，利用高速数据传输网络连接国家和30个省级数据中心，基本形成了覆盖全国的卫星导航定位服务"一张网"。它以GPS为主，兼容北斗、GLONASS等卫星导航系统信号，规模大、覆盖广、定位快、精度高，实现了我国陆地国土以及近海领域全覆盖，导航定位能力由十米级精度向亚米级甚至厘米毫米级精度迈进，能有效满足各领域对精准、快速的导航定位的需求。系统可为社会公众提供实时亚米级服务，为专业用户提供实时厘米级、事后毫米级服务。

H2　国家北斗地基增强系统

兵工集团作为总体研制单位、千寻位置负责建设的高精度全国"一张网"北斗地基增强系统，以"互联网＋位置北斗"为理念，通过北斗地基增强系统全国一张网的整合与建设，基于卫星定位、云计算和大数据技术，构建位置服务开放平台，提供米级至厘米级的高精准位置服务，以满足国家、行业、大众市场对精准位置服务的需求。此系统是目前世界范围分布规模最大、密度最高、并能够兼容北斗、GPS、GLONASS三大卫星系统的地基增强"一张网"。目前，我国北斗地基增强系统已完成项目一期建设，包括155个框架网基准站和1286个区域加密网基准站的全部研制建设任务，具备在全国主要经济区域提供实时动态厘米级、事后处理毫米级和快速辅助定位能力。

H3　国网公司北斗地基增强系统

根据电力行业对位置定位的具体需求，按照目前现行国家及行业标准的具体规定，包括《全球导航卫星系统连续运行基准站网技术规范》（GB/T 28588—2012）、《全球导航卫星连续运行参考站网建设规范》（CH/T 2008—2005）、《全球定位系统实时动态测量（RTK）技术规范》（CH/T 2009—2010）、《北斗地基增强系统基准站建设技术规范》（BD 440013—2017）等，两个基准站点的相隔不超过60km，可满足地基增强系统提供区域实时厘米级、后处理毫米级精度服务所需要求，间隔在300km左右，可满足实时米级及亚米级精度服务要求。目前国家电网有限公司已建成1200座地基增强站，具备北斗高精度位置和时间服务相关信息解算、存储与播发性能，服务电网的各类应用。

H4　南方电网地基增强站系统

早在 2018 年，通过科技项目试点建设，广东电网在南方电网区域内最早建成了第一座北斗基站；2019 年已实现韶关供电局 15 座 CORS 基站全覆盖；2020 年，完成 120 座覆盖全省的北斗地基增强站（以下简称"CORS 基站"），主要面向广东电网提供高精度定位服务，也为电网地质灾害防控提供了新的技术手段。

附录I 缩略词

BDS   BeiDou navigation satellite system，中国北斗卫星导航系统，简称为北斗系统，是中国自行研制的全球卫星导航系统，也是继 GPS、GLONASS 之后的第三个成熟的卫星导航系统。

GPS   global positioning system，全球定位系统，全称为定时测距导航卫星全球定位系统，是美国研制的全球卫星导航系统，是一种以人造地球卫星为基础的高精度无线电导航的定位系统，它在全球任何地方以及近地空间都能够提供准确的地理位置、车行速度及精确的时间信息。

GLONASS   global navigation satellite system，格洛纳斯全球卫星导航系统，该系统是由苏联（现由俄罗斯）国防部独立研制和控制的第二代军用卫星导航系统，与美国的 GPS 相似，该系统也开设民用窗口。

GEO   geostationary earth orbit，同步地球轨道卫星/静止卫星是指在地球同步轨道上自西向东运行的人造卫星，它的轨道周期与地球的自转周期相同，为 23h 56min 4s，距离地面大约 35786km，距离底薪大约 42164km，轨道倾角为 0°。

IGSO   inclined geosynchronous orbit，倾斜地球同步轨道，又名 GIO（geosynchronous inclined orbit）。IGSO 卫星轨道高度为 35786km，的轨道倾角是大于 0°的任何轨道（我国的北斗系统为 55°）。

MEO   medium earth orbit，中远地球轨道卫星，北斗 MEO 卫星轨道高度约 21500km，轨道倾角为 55°，绕地球旋转运行。

RNSS   radio navigation satellite service，无线电卫星导航服务。

RDSS   radio determination satellite service，无线电卫星测定服务。

GSMC   global short message communication，全球短报文通信服务。

SAR   search and rescue，国际搜救服务。

SBAS   satellite based augmentation system，星基增强服务。

GAS   ground augmentation system，地基增强服务。

PPP   precise point positioning，精密单点定位服务。

RSMC regional short message communication，区域短报文通信服务。

BPSK binary phase shift keying，二进制相移键控。

P 码 精密测距码。

C 码 普通测距码。

UTC coordinated universal time，协调世界时，又称世界统一时间、世界标准时间、国际协调时间。

PRN pseudo - random noise，伪随机噪声。

CDMA code division multiple access，码分多址。

Cold Start 冷启动。

Hot Start 热启动。

Warm Start 温启动。

RF radio frequency，射频。

FFT fast fourier transform，快速傅里叶变换。

NCO numerical controlled oscillator，数字压控振荡器。

Early Code 超前码。

Prompt Code 中间码。

Late Code 滞后码。

MSB most significant bit，最高有效位。

LSB least significant bit，最低有效位。

FraID 子帧计数。

SOW seconds of week，周内秒计数。

UERE user equivalent range error，用户等效距离误差。

SMS short message service，短信息业务。

MCC main control center，主控站。

CORS continuously operating reference stations，连续运行参考站。

UPS uninterruptible power supply，不间断电源，是一种含有储能装置的不间断电源。主要用于给部分对电源稳定性要求较高的设备，提供不间断的电源。

SDH synchronous digital hierarchy，同步数字体系，根据 ITU - T 的建议定义，是为不同速率的数字信号的传输提供相应等级的信息结构，包括复用方法和映射方法，以及相关的同步方法组成的一个技术体制。

FTP   file transfer protocol，文件传输协议。

VRS   virtual reference station，虚拟参考站技术，也称虚拟基准站技术，是一种网络实时动态测量（RTK）技术，通过在某一区域内建立构成网状覆盖的多个 GPS 基准站，在流动站附近建立一个虚拟基准站，根据周围各基准站上的实际观测值算出该虚拟基准站的虚拟观测值，实现用户站的高精度定位。

RTK   real‐time kinematic，实时动态测量。

HTTPS   hyper text transfer protocol over securesocket layer，超文本传输协议。

Ntrip 协议 networked transport of RTCM via internet protocol，通过互联网进行 RTCM 网络传输的协议，是在互联网上进行 RTK 数据传输的协议。

VPN   virtual private network，虚拟专用网络。

PRC   primary reference clock，基准参考时钟，在数字同步网中，高稳定度的基准时钟是全网的最高级时钟源。符合基准时钟指标的基准时钟源可以是铯原子钟组和美国卫星全球定位系统（GPS）。

LPR   local primary reference，区域基准时钟源，是受控于全球定位系统 GPS（或其他卫星定位系统）的非自主时钟，应具备接收 PRC 的定时基准信号作为参考标准的能力。

MIS   management information systems，管理信息系统。

NTP   network time protocol，网络时间协议，是用来使计算机时间同步化的一种协议。

PTP   precision time protocol，高精度时间同步协议。

EMS   能量管理系统，是现代电网调度自动化系统（含硬、软件）总称。

DMS   distribution management system，配电管理系统，是一个涉及供电企业运行管理、设备管理、用户服务等各个方面的计算机网络系统。

OTN   optical transport network，光传送网，网络的一种类型，是指在光域内实现业务信号的传送、复用、路由选择、监控，并且保证其性能指标和生存性的传送网络。

MSTP   multi‐service transport platform，多业务传送平台，是指基于 SDH，同时实现 TDM、ATM、以太网等业务的接入、处理和传送，提供统一网管的多业务节点。

RTU   remote terminal unit，远程终端单元，一种针对通信距离较长和工业现场环境恶劣而设计的具有模块化结构的、特殊的计算机测控单元。

PMU   power management unit，电源管理单元，是一种控制数字平台电源功能的微控制器。

FTU   feeder terminal unit，馈线终端单元，用于架空配电线路柱上开关与电缆线路环网柜监控的配电网终端。

TTU   distribution transformer supervisory terminal unit，配电变压器监测终端，用于配电变压监控的配电网终端。

TCP/IP   transmission control protocol/Internet protocol，传输控制协议/网际协议，是指能够在多个不同网络间实现信息传输的协议簇。